A Meditation on
31 Steps of Jesus Christ

YOSHIMURA Kazuo

吉村和雄

# イエスの歩み 31

私に従いなさい

本書の聖書引用は『聖書　聖書協会共同訳』（日本聖書協会）に準拠する。

アートディレクション……………………………………細山田光宣
デザイン……………………………………鎌内 文／細山田デザイン事務所

# はじめに

この本は、新約聖書の福音書が伝える主イエスの業《わざ》と言葉を通して、主イエスとはどなたなのか、わたしたちのために何をしてくださったのかを、読者の方々によくわかるように伝えることを願って書かれたものです。そのために四つの福音書の中から三一箇所を選んで、初めに聖書の言葉を載せ、続いて短いメッセージを記し、最後にそこから導き出される簡潔な祈りの言葉を記しました。

このような内容のものは、いろいろな主題を掲げて作ることができると思います。すでに、祈りについて旧新約聖書の全体の中から適切な箇所を選んでまとめた書が刊行されています（大島力・川﨑公平『聖書の祈り31』日本キリスト教団出版局、二〇二三年）。

この本では、主イエスの生涯を追うことを目指しました。ただ、主イエスの生涯と言いましても、福音書は主イエスの誕生から地上の生涯の終わりに至るまでをつぶさに記録してはおりません。誕生の記事のほか、大部分は、主がおよそ三〇歳を迎えて神の国の福音を宣《の》べ伝えるお働きを始めて以来、十字架の死と復活の出来事に至るまで、ほぼ三年間と思われる主イエスのお働きとみ言葉を記すのみです。

どうしてそういう書き方をしているかと言いますと、福音書はナザレのイエスというひとりの人間の生涯を描くために書かれたものではないからです。そうではなくて、神さまが主イエスを通してわたしたちを罪の支配から救い出し、ひとりひとりが神さまの子どもとして生きる道を拓いてくださったという、福音の出来事を伝えるために書かれたものだからです。そのためにご自分の独り子である方を人間として地上に生まれさせ、わたしたちの罪の贖《あがな》いとして十字架で死ぬという道を歩ませ、そして三日目に復活させるという、驚くべき出来事を起こされたのです。これが、このわたしのために神さまが起こされた救いの出来事であると信じて受け入れた時に、わたしたちは救われて神さまの子どもにしていただけるのです。

このように福音書は、神さまが主イエスを通して起こされた救いの出来事を伝えているものですが、そこにはひとつの明確な構造があります。この本で言いますと一六

## はじめに

日目の箇所で、主イエスが弟子たちに「あなたがたは私を何者だと言うのか」とお尋ねになり、シモン・ペトロが「あなたはメシア、生ける神の子です」とお答えした出来事が記されています。この出来事を、ある人は福音書の分水嶺《ぶんすいれい》と呼びました。この出来事を境に、福音書の主題が変わるからです。

この出来事の前は「主イエスとはどなたなのか」が主題です。この出来事の後は「メシア、生ける神の子は何をするのか」が主題になります。この問答でわかるように、主イエスは弟子たちに対して、ご自分が何者であるかを、明確に語られたことはありませんでした。ただ一緒に生活をして、ご自分の業を見せ、み言葉を聞かせられました。それを通して弟子たちが、神さまの導きを受けつつ、主イエスとはどなたなのかを自分自身で知るようにと願われたのです。だからペトロの告白を聞かれた主イエスはとても喜ばれたのです。そしてそれ以後、「メシア、生ける神の子」としてご自分がしなければならないことを、明らかにし始められたのです。

ですからこの本を読まれる皆さんも、ここに記されている主イエスの言葉や出来事を通して、主イエスとは、わたしにとってどういう方なのか、わたしのために何をしてくださったのかを、読み取ってください。そのようにして、主イエスという方と出会ってください。この方は、あなたのために世に来られた、あなたの救い主です。

聖書の箇所と短いメッセージに続いて、祈りが載せられています。それは主イエスの言葉を聞き、出来事を見た人が、自分のすなおな思いを言葉にしたらこうなるだろうと考えて書いたものです。どうぞそれらを、ご自分の祈りとして祈ってみてください。それも、あなたが主イエスに出会う助けになると思います。


この本では、福音書から三一箇所を選びました。それは一日一箇所ずつ読んで、ひと月で全体を読み終えることを意図したものです。しかし、一通り読んでそれで終わりというのではなく、繰り返し読んでいただきたいと願っています。

神さまがわたしたちのために主イエスを通して成し遂げてくださったことは、本当に大きなことなので、一度読めばすべてがわかる、というものではありません。聖書を繰り返し読んでいると、以前には気づかなかったことに改めて気づかされることが、たびたびあります。それは聖書を読む時に味わう醍醐味のひとつです。どうぞそのように、み言葉を味わう経験をなさってください。

この本を通して、皆さんが主イエスにさらに一歩近づいて、主イエスを「わたしの主」とお呼びする幸いを改めてご自分のものとしてくださったら、著者としてこれ以上の幸いはありません。

# 目次



## ガリラヤで

## 十字架と復活へ

# ガリラヤで

# 1日

## 神の約束の確かさ

アブラハムの子、ダビデの子、イエス・キリストの系図。アブラハムはイサクをもうけ、イサクはヤコブをもうけ、ヤコブはユダとその兄弟たちをもうけ、ユダはタマルによってペレツとゼラをもうけ、ペレツはヘツロンをもうけ、ヘツロンはアラムをもうけ、アラムはアミナダブをもうけ、アミナダブはナフションをもうけ、ナフションはサルモンをもうけ、サルモンはラハブによってボアズをもうけ、ボアズはルツによってオベドをもうけ、オベドはエッサイをもうけ、エッサイはダビデ王をもうけた。ダビデはウリヤの妻によってソロモンをもうけ……

（マタイによる福音書1章1～6節）

テレビの番組で、「ファミリーヒストリー」というのがあります。ある人の系図を辿《たど》ってその人がどういう人かを明らかにする番組です。自分の知らなかった先祖の話を知って、感動して涙する人もいます。自分という存在を、新しく受け止め直すのです。

この系図は主イエスのファミリーヒストリーです。マタイはこれによって主イエスとはどういう方なのかを、明らかにしようとしているのです。

このファミリーの中で重要な人が二人います。一人はこの系図の最初の人であるアブラハムです。もう一人はダビデです。アブラハムは、神さまから、あなたの子孫を通して全世界を祝福するという約束をいただきました。彼は夜空に輝く星々を見せられて、あなたの子孫はあの星のようになると言われました（創世記15・5）。彼の子孫であったヘブライ人を全部集めても、星の数にはなりません。でも主イエスを通して、世界に祝福が及び、今やわたしたちも星の一つになりました。全世界を祝福するという約束は、主イエスによって実現したのです。

ダビデは、その子孫の中から永遠の王座につく王が生まれるという約束をいただきました（サムエル記下7・16）。その約束も主イエスによって実現しました。だから主イエスは「アブラハムの子、ダビデの子」なのです。

この系図に、普通の系図には出てこない女性が四人出て来ます。しかもすべて、こみいった事情がある女性です。例えばソロモンの母はウリヤの妻です。ソロモンが生まれた時にはダビデの妻になっていましたが、この系図はそれを認めていません。

系図は、その家柄がどれほど由緒正しいものかを示すために作られるものです。しかしこの系図は、主イエスの家柄が少しも由緒正しくなくて、人間の罪や過ちが至るところにあることを、示しています。

しかしマタイは、その罪にまみれたこのファミリーの歴史が、きちんと一四人ずつ三つに分かれることを示します。各グループの結び目で、イスラエルの歴史の重要な転機が訪れます。罪の故に混乱したように見えるこの歴史が、実は神さまの手によって導かれ、きちんと区分されているのです。

神さまはこのファミリーの中に主イエスを生まれさせて、アブラハムとダビデに与えられた約束を貫き通されました。この系図はその神さまの約束が確かであることを示しているのです。

主イエスさま、あなたは、
アブラハムとダビデに与えられた
神さまの約束に従って、
罪と過ちに満ちた家系の中にお生まれくださいました。
神さまの約束は確かです。
今でもこの世は混乱の中にありますが、
わたしは、再び来て、救いを完成してくださるという
あなたの約束を信じます。

# 2日

## 最後の者が先頭の者に

さて、その地方で羊飼いたちが野宿をしながら、夜通し羊の群れの番をしていた。すると、主の天使が現れ、主の栄光が周りを照らしたので、彼らは非常に恐れた。天使は言った。「恐れるな。私は、すべての民に与えられる大きな喜びを告げる。今日ダビデの町に、あなたがたのために救い主がお生まれになった。この方こそ主メシアである。あなたがたは、産着《うぶぎ》にくるまって飼い葉桶に寝ている乳飲み子を見つける。これがあなたがたへのしるしである。」

（ルカによる福音書2章8〜12節）

クリスマスは主イエスの誕生の祝いです。誕生日は、その人の存在を感謝する時です。その人が与えられていることを、本当に嬉しいこととして感謝し喜ぶのが、誕生日です。でも主イエスの誕生はわたしたちのそれとは少し違います。なぜなら主イエスは「来てくださった」方だからです。神の子である方が、人間となって来てくださったのです。それを祝うのがクリスマスです。

その知らせを、最初に聞いたのは、野原にいた羊飼いたちです。羊飼いは羊と共に生活をしますから、町の中には住めません。しかも草を求めて移動しますから、家を建てて定住することができません。どこへ行ってもよそ者です。だから彼らの言葉は、人々に信用されませんでした。

その羊飼いに天使が告げます。あなたがたのために救い主がお生まれになった、と。ベツレヘムの町で、飼い葉桶に寝かされている赤ちゃんを見たら、それがしるしだ、と。彼らはすぐに町へ行き、主イエスを見つけて、喜んでそれを町の人々に伝えましたが、町の人々は彼らの話を聞いて不思議に思っただけでした。

どうして、天使は羊飼いたちに現れたのでしょうか。その町の中心人物に現れて、その人が呼びかけたら、町の人々が大勢主イエスのもとに来たかもしれません。でも、天使はそうしないで、町から遠く離れた羊飼いたちに、嬉しい知らせを告げました。なぜでしょうか。

主イエスは、神さまから遠く離れてしまった人たち、離れてしまったと思っている人たちを、神さまのもとへと連れ戻すために来られた方です。だから、その町で一番遠いところにいる人たちに、天使が現れたのです。

この世は人間に序列をつけます。羊飼いはその最後に並ぶ人たちです。でもその後ろに主イエスが立たれて、全員に「回れ右」を命じます。すると最後にいた人が先頭になり、先頭にいた人が最後になります。このようにして、神の国の現実が明らかになります。いつかそれが、わたしたちの目に見えるものになります。

主イエスさま、あなたはおいでになって、
この世界の序列の最後に立たれました。
ですからわたしは、
自分が低いところに立たされても、
悲しみません。
あなたがそこにいてくださるからです。

# 3日

## 神の子となる洗礼

その時、イエスが、ガリラヤからヨルダン川のヨハネのところへ来られた。彼から洗礼を受けるためである。ところが、ヨハネは、それを思いとどまらせようとして言った。「私こそ、あなたから洗礼を受けるべきなのに、あなたが、私のところに来られたのですか。」しかし、イエスはお答えになった。「今はそうさせてもらいたい。すべてを正しく行うのは、我々にふさわしいことです。」そこで、ヨハネはイエスの言われるとおりにした。

（マタイによる福音書3章13〜15節）

3日／マタイによる福音書3章13〜15節

洗礼は本来、罪や汚れを洗い落とすために、体を水に浸《ひた》すことであったといわれています。そういうことなら、世界の各地で行われていることです。しかし、それでわたしたちの罪や汚れをぬぐい去ることができるでしょうか。

洗礼者ヨハネは、ユダヤ人たちに、罪の悔い改めの洗礼を宣べ伝えました。心からの悔い改めなくして神の民ではいられない、と教えたのです。このヨハネの洗礼を受けようと、大勢の人がヨルダン川に行きました。それは、罪や汚れを洗い落とすための洗礼ではなくて、罪を悔い改め、水の中で一度死んで、新しく生まれ変わる洗礼です。

しかし、心からの悔い改めをし、新しい生き方を始めるという大きな決心をして、ヨルダン川から帰っても、生活の中でそれを実践していくのは、自分の力です。神さまに受け入れていただけるような新しい生活を、自分の力で作っていくことは、至難の業です。

主イエスがヨルダン川で、人々と同じ水の中に体を浸されたのは、その水でヨハネから洗礼を受けた人々の願いを、ご自分の願いとしてくださるためです。死んで新しく生まれ変わりたいと願って洗礼を受けても、わたしたちが実際にそこで死ぬわけではありません。しかし主イエスは、そのわたしたちの願いを身に負って十字架への道を歩み、そこで本当に死んでしまわれました。ですから洗礼によって主イエスに結びついた人たちは、主イエスの死に結びついて、主が復活されたように、新しい人間へと復活する希望を与えられるのです。

主イエスの洗礼は、神さまがわたしたちに差し出してくださった手です。自分の力で救いを得ることができないわたしたちのために、神さまが「この手につかまれ」と言って、救いの手を差し出してくださったのです。わたしたちにできる最善のことは、感謝してその手を取ることです。だからわたしたちも、洗礼を受けるのです。

洗礼を受けて、わたしたちは主イエスとの深い愛の結びつきの中で生きる者になります。主イエスの弟子として主に従う者になり、神の子とされて、主イエスの妹、弟になります。そのようにしてわたしたちは、生涯を主イエスに従い、主イエスと共に生きる者になるのです。

主イエスさま、あなたはわたしのために、
ヨルダン川で、また十字架の上で
洗礼を受けてくださいました。
水の洗礼によって、
あなたに結びつけられることは、
本当に大きな恵みです。
わたしは生涯、あなたの弟子として、
またあなたの妹、弟として生きて参ります。

# 4日

## 人は神の言葉で生きる

さて、イエスは悪魔から試みを受けるため、霊に導かれて荒れ野に行かれた。そして四十日四十夜、断食した後、空腹を覚えられた。すると、試みる者が近づいて来てイエスに言った。「神の子なら、これらの石がパンになるように命じたらどうだ。」イエスはお答えになった。

「『人はパンだけで生きるものではなく
神の口から出る一つ一つの言葉によって生きる』
と書いてある。」

（マタイによる福音書4章1～4節）

人の救いとは何か、人を救うとはどういうことかを巡って、主イエスは荒れ野で、悪魔と厳しい闘いをされました。

救いという言葉から、わたしたちがすぐ予想するのは、病気や辛《つら》いことからの解放です。それも救いですが、そういうことなら、これまで何度も経験してきました。でもわたしたち自身は何も変わりません。わたしたちを変えないものを、救いとは言いません。それでは本当の救いとは何でしょうか。

その時主イエスを誘惑したのは、悪魔です。悪魔はおとぎ話の中の存在ではありません。わたしたちは、物事が順調に行くと、神さまなどいなくても大丈夫と思い、絶望すると、神さまなどいても役に立たないと思います。そのようにわたしたちが、順境でも逆境でも、神さまを無視して生きるようにそそのかすのが、悪魔の働きです。

悪魔が最初に主イエスに言ったことは、あなたが神の子なら、これらの石をパンに変えてみよ、ということです。そうすれば、世界中の人が、あなたを救い主として歓迎するだろう、と言いました。

悪魔は、人間も動物なのだ、と言ったのです。どんな偉そうなことを言っても、食べなければ生きていけない。だから人間の究極の関心事は、食べて生き延びることであって、救いとは、そこを保証してやることだというのです。でも主イエスはその提案を拒否なさいました。人間はパンだけではなく、神の言葉を聞いて生きるものだ、と言われたのです。

教会の牧師を長く続けて、気がついたことがあります。それは、クリスチャンとは、神の言葉を聞きたがる人たちだ、ということです。心の深いところにその願いを持っていて、だから毎週の礼拝に集います。み言葉によって慰められ、励まされ、戒められ、立ち上がらせられて、生きています。不治の病を得ても、み言葉から力を得ることができます。

でも不思議ですね。洗礼を受ける前は、み言葉など聞かなくても平気でした。それなりに楽しいこともあり、慰めもあって、生きていました。そういう者が、洗礼を受けると、み言葉なしには生きられない人間になるのです。これは聖霊のお働きによることです。

人は「神の口から出る一つ一つの言葉によって生きる」と主は言われました。洗礼を受けて、わたしたちは、本来の人間の姿で生きる者となったのです。

主イエスさま、人は神の口から出る
一つ一つの言葉によって生きる、と言われた
あなたの言葉は真実です。
わたしがそのように造り変えられていることを、
感謝します。
わたしは生涯、
み言葉を聞き続けて生きて参ります。

# 5日

## 見ないで信じる者に

次に、悪魔はイエスを聖なる都に連れて行き、神殿の端《はし》に立たせて、言った。「神の子なら、飛び降りたらどうだ。
『神があなたのために天使たちに命じると
彼らはあなたを両手で支え
あなたの足が石に打ち当たらないようにする』
と書いてある。」イエスは言われた。「『あなたの神である主を試してはならない』とも書いてある。」

（マタイによる福音書4章5～7節）

5日／マタイによる福音書4章5〜7節

当時エルサレムの神殿には世界中から人が集まって来ていましたから、その時も人が大勢いたことでしょう。そこで主が屋上から飛び降りても、天使たちが空中で主を支えるなら、怪我《けが》をすることはありません。それを見た大勢の人びとは、神がおられることと、主イエスが神から来られた方であることを、その目で確かめることができます。人間は見ないと信じないから、そうやって自分が神の子である証拠を見せてやればよいと悪魔は言いました。でも主はこれも拒否されました。「あなたの神である主を試してはならない」と言われたのです。

わたしたちにとって「見ること」と「信じること」の関係は、いつでも問題です。わたしたちは見ないで信じているのですが、いつでもどこかに不確かさを感じます。信じてはいても、それが確信にならないのです。神について、あるいは自分の救いについて、不動の確信を持つことができたら、どんなにいいだろうかと思います。そしてそのために、この目で神を見たいと思うのです。

その一方で、この世の中には「見なければ信じない」という人が大勢います。いや、そういう人が大部分かもしれません。そういう人々に、見えない神を信じる信仰を宣べ伝えることに、難しさを覚えることも、少なくありません。

だから見せてやればいいのだ、と悪魔は言います。それこそが問題を解決する鍵だと言うのです。でも主はそれを拒否されました。それは神を試みることで、許されないことだと言われたのです。これは急所をついた答えです。それは「見たら信じよう」という姿勢が持つ傲慢《ごうまん》さを明らかにします。

イギリスの作家であるC・S・ルイスが「被告席に立つ神」という小文を書いています。そこで彼は、わたしたちは神に問いかけ、答えを求め、納得したら信じようとするけれども、それは神を被告席に立たせて尋問することだ、と言っています。被告席に立たされて問われるべきはわたしたちで、神ではないと言うのです。その通りです。

見なければ信じないと言っていたら、誰をも愛することはできません。愛は相手を信じることによって成り立つものだからです。神さまが見ないで信じることをお求めになるのは、わたしたちとの、愛の関係を大切になさるからです。

主イエスさま、あなたが見えないことで、
わたしはたびたび不安になります。
でもあなたは、見ないで信じることを、
お求めになります。どうぞわたしを、
信じる者にしてください。
あなたを愛し、
隣人を愛することができますように。

# 6日

## 主に仕え、人々に仕える者に

さらに、悪魔はイエスを非常に高い山に連れて行き、世のすべての国々とその栄華を見せて、言った。「もし、ひれ伏して私を拝むなら、これを全部与えよう。」すると、イエスは言われた。「退け、サタン。

『あなたの神である主を拝み
ただ主に仕えよ』

と書いてある。」そこで、悪魔は離れ去った。すると、天使たちが近づいて来て、イエスに仕えた。

（マタイによる福音書4章8～11節）

大分前に、台湾を旅行していた時、文具店でいろいろなカードを見ていて、気づいたことがあります。多くのカードに「萬事如意」と書いてあることです。萬事如意とは、すべてのことが思いのまま、という意味です。あなたにとって、萬事如意でありますようにという願いを込めて、カードを送るのです。

これは全人類の願いであると言ってもいいでしょう。悪魔は「世のすべての国々とその栄華を見せて」主イエスを誘惑しました。わたしたちは「世のすべての国々」などという大それたことは考えませんが、でも自分の家庭を、自分の職場を、配偶者を、子どもを、そして自分の人生を、思いのままにしたいと願います。だから、もし主イエスが、世のすべての国々の頂点に立ち、すべての栄華をご自分のものとされたら、人々は主に憧《あこが》れ、賞賛して従うだろうと悪魔は言うのです。でも主イエスはそれを拒否されました。

もしわたしが誰かを支配する者になって、すべてを思いのままにしようとしたなら、支配される人たちは、幸せになるでしょうか。国の中で萬事如意を実現すれば、独裁者となって国を支配するようになるでしょう。しかし、独裁者に支配される人々は不幸です。そして独裁者自身も、不幸な終わりを迎えることが多いです。すべてを自分の思い通りにしようとした時、わたしたちは悪魔の手先になっているのです。「ひれ伏して私を拝むなら」と悪魔が言ったのは、本当のことです。

主は「あなたの神である主を拝み　ただ主に仕えよ」という聖書の言葉を引用して、悪魔を拝むことを拒否し、その誘惑を退けられました。主を拝み、主に仕える道は、十字架の上で多くの人の身代金としてご自分の命を献げる道です。ご自身、その道を歩まれ、また弟子たちに対しても「あなたがたの中で偉くなりたい者は、皆に仕える者となり、あなたがたの中で頭《かしら》になりたい者は、皆の僕《しもべ》になりなさい」（マタイ20・26〜27）と教えられました。

悪魔ではなく、主イエスを拝み、主に仕えるわたしたちは、共に生きる人々を自分の思い通りにするのではなく、仕えることによって、人々を生かし、自分も生きるのです。

わたしの救いのために、
ご自分の命を捨てて、
わたしに仕えてくださった主イエスさま、
わたしを、人々を支配する者ではなく、
あなたに仕え、
人々に仕える者としてお用いください。

# 7日

## わたしたちにできることを

ぶどう酒がなくなってしまったとき、母がイエスに、「ぶどう酒がありません」と言った。イエスは母に言われた。「女よ、私とどんな関わりがあるのです。私の時はまだ来ていません。」母は召し使いたちに、「この方が言いつけるとおりにしてください」と言った。そこには、ユダヤ人が清めに用いる石の水がめが六つ置いてあった。いずれも二ないし三メトレテス入りのものである。イエスが、「水がめに水をいっぱい入れなさい」と言われると、召し使いたちは、かめの縁《ふち》まで水を満たした。イエスは、「さあ、それを汲んで、宴会の世話役のところへ持って行きなさい」と言われた。召し使いたちは運んで行った。世話役が水をなめてみると、ぶどう酒に変わっていた。

（ヨハネによる福音書2章3～9節）

7日／ヨハネによる福音書2章3〜9節

恐らく母マリアの親戚の家だったのでしょう、彼女も婚礼の宴の手伝いのためにその家におりました。婚礼の祝いは何日も続きます。その間、お客さんたちはぶどう酒を飲み、ごちそうを食べて楽しむのです。その席にぶどう酒は欠かせません。ところが、その大事なぶどう酒がなくなってしまったのです。いち早くそれを知ったマリアは主イエスのところへ行って「ぶどう酒がなくなってしまいました」と告げます。

しかし主のお答えは予想外のものでした。「女よ、私とどんな関わりがあるのです。私の時はまだ来ていません」。母親にとっては衝撃的な言葉です。

マリアにとって主イエスは我が子です。自分は母親です。だから母親として我が子に、何とかして欲しい、と頼んだのです。しかし主はマリアの子として行動することを拒否されました。自分は父である神さまの御心に従うのだ、と宣言されたのです。

マリアは即座に主のお言葉を理解しました。そして周囲の人々に、この方の言われることは何でもその通りにしてください、と言いつけます。この方をあなたがたの主人として、この方に聞き従いなさい、と言ったのです。

しばらくして主イエスは、手洗い用に用意してある水がめに水を満たすようにと言われました。そこには百リットルも入る水がめが六つもありました。召使いたちは言われた通りに、井戸から水を運んできて、かめを満たします。さらに命じられてそれを汲んで宴会の世話役のところへ持っていくと、それは芳醇《ほうじゅん》なぶどう酒に変わっていたのです。

主のご命令は不思議です。必要なのはぶどう酒です。水ではありません、でも主は水をいっぱいにしなさいと言われました。疑問を持つ余地はいくらでもあったでしょう。しかし召使いたちは躊躇《ちゅうちょ》せず、反論もせずに従いました。そして主は彼らのその奉仕をお用いになったのです。

わたしたちは、水をぶどう酒に変えることはできません。それは主のなさることです。わたしたちにできるのは、水がめに水を満たすことです。どうして水を満たすのかわからなくても、主のご命令に従って、わたしたちはできることを精いっぱい行います。後は主がご自分の業をなさるでしょう。それがわたしたちの奉仕です。

主イエスさま、わたしには、
あなたのみ言葉が理解できない時があります。
それでもわたしはみ言葉に従います。
どうぞわたしの小さな働きを、
御国の実現のためにお用いください。

# 8日

## わたしを救うために

数日の後、イエスが再びカファルナウムに来られると、家におられることが知れ渡った。大勢の人が集まったので、戸口の辺りまで全く隙《すき》間《ま》もないほどになった。イエスが御言葉を語っておられると、四人の男が体の麻痺《まひ》した人を担いで、イエスのところへ運んで来た。しかし、大勢の人がいて、御もとに連れて行くことができなかったので、イエスがおられる辺りの屋根を剝《は》がして穴を開け、病人が寝ている床《とこ》をつり降ろした。イエスは彼らの信仰を見て、その病人に、「子よ、あなたの罪は赦された」と言われた。

（マルコによる福音書2章1～5節）

主イエスが、ご自分の目の前につり降ろされてきた病人を見て、「子よ、あなたの罪は赦された」と言われた時、それは、そこにいた多くの人々にとって、まったく予想外の言葉だったでしょう。

その時起こった出来事自体も、まったく信じられないようなことでした。体が麻痺した病人を床に乗せたまま運んで来た四人の男たちが、家の中が人でいっぱいなのを見るや、屋根の上にあがり、屋根に穴をあけて、病人をつり降ろしたのです。そこにいた人たちは、一瞬何が起こったのか理解できなかったでしょう。屋根が崩れたと思ったかもしれません。もうもうと土けむりが立ちこめる中を、目をこらして見れば、目の前の病人と、天井からじっと主イエスを見つめる四人の男たちが見えます。そして主イエスもまた、その四人を見つめておられたのです。

その主イエスの目は、彼らのこの大胆な行動の中に、主に対する絶対の信頼を見ておられました。彼らは、主にはこの病気を癒やす力がおありになる、そして主はこの病人を決して見捨てられないと信じていました。主は、彼らのこの信頼にお応えになり、その病人に「子よ、あなたの罪は赦された」と言われました。

不思議なことは、ここで主が「彼らの信仰を見て」そう言われたことです。彼らとは、病人を運んできた人たちです。ここでは病人は何もしておりません。ただ自分を運んでくれた人たちに身を委ねているだけです。どうして主は、運んできた人たちの信仰をご覧になったのでしょうか。

恐らくここで主は、彼らとご自分を重ね合わせてご覧になっていたのです。わたしたちの罪を赦し、罪の支配から解放するために、主は天から降《くだ》って来られました。それは家の屋根に穴を開けるよりももっと大きな出来事でした。天と地の間にある隔たりに穴を開けて、主はこの地上に来られました。それは、罪のない神の子でいますこの方が、すべての人の罪を負って十字架で死なれるという、わたしたちの想像をはるかに超える出来事のためです。わたしたちの常識の壁に大穴を開けるような、この主の救いの業によって、わたしたちの罪が赦される道が拓かれたのです。

この主の御業に対して、わたしたちにできる最善のことは、主に感謝しつつ、その主に身を委ねることです。何かをすることではありません。この時の病人のように、感謝して、喜んで、自分を救いへと運んでくださる方に身を委ねることです。

主イエスさま、このわたしを救うために、
あなたは人となって
天から降って来てくださいました。
わたしの救いの根拠は、あなたの中にあります。
わたしはあなたを信じて、
身をお委ねするだけです。

# 9日

## 私に従いなさい

それからイエスは、再び湖のほとりに出て行かれた。群衆が皆そばに集まって来たので、イエスは彼らを教えておられた。そして通りがかりに、アルファイの子レビが収税所に座っているのを見て、「私に従いなさい」と言われた。彼は立ち上がってイエスに従った。それから、レビの家で食卓に着いておられたときのことである。多くの徴税人や罪人もイエスや弟子たちと同席していた。大勢の人がいて、イエスに従っていたのである。ファリサイ派の律法学者たちは、イエスが罪人や徴税人と一緒に食事をされるのを見て、弟子たちに、「どうして、彼は徴税人や罪人と一緒に食事をするのか」と言った。イエスはこれを聞いて言われた。「医者を必要とするのは、丈夫な人ではなく病人である。私が来たのは、正しい人を招くためではなく、罪人を招くためである。」

（マルコによる福音書2章13〜17節）

9日／マルコによる福音書2章13～17節

「私に従いなさい」。これは、わたしたちの人生を、滅びに至るものから、永遠の命に至るものへと、大転換させる言葉です。

わたしたちは誰でも、生まれつき自分中心の世界に住んでいます。自分の利益になるもの、気に入ったものは近くに置いておき、そうでないものはその世界から追い出してしまいます。そうやって自分の世界を作り上げます。

ある時、その世界に主イエスが入り込んで来られます。わたしたちが初めて教会に来た時です。自分の役に立ちそうなので、わたしたちはしばらく主イエスを自分の世界に置いておくことにします。そうして教会に足を運び続けます。

ある時、その主イエスが、わたしに声をかけられます。「私に従いなさい」。それはわたしを、自分中心の世界から呼び出す言葉です。「そこを出て、私を中心とした世界に入りなさい」と言われるのです。そしてこの言葉に従った時、わたしたちは自分中心の世界から、罪の世界から救われるのです。

レビもそれまで、彼なりの世界で生きてきたことでしょう。自分の生き方について言い訳をしながら、それなりに自分を納得させて、生きてきたかもしれません。主イエスはその世界から彼を呼び出され、新しい世界へと招き入れられました。

それに応えたレビは、自分の家に主イエスを招待します。その家の中心にいるのは、もはやレビではなく主イエスです。レビは自分の仲間である大勢の徴税人や罪人と一緒に、主イエスの周りに座る者となりました。そこには、主に救われた者たちが作る世界がありました。

しかし、その世界を知らない人がいました。ファリサイ派の人たちです。彼らは相変わらず、自分が中心の世界に住んでいました。だから自分の基準で人を裁き、主イエスを裁きました。主イエスを中心とした、救われた者の世界がそこにあるのに、それが見えなかったのです。

自分の正しさを確信している人たちは、決して自分の世界を放棄しないでしょう。彼らは神を信じていると言いながら、自分の世界に神を入れてやっている人たちです。でもそれは滅びに至る道です。わたしたちは自分の世界を出て、主イエスを中心とした世界に入らなければなりません。だから主は「私に従いなさい」と言葉をかけられるのです。わたしにも、そしてあなたにも。

主イエスさま、「私に従いなさい」という
あなたの言葉を聞きました。
自分の世界にしがみついて生きてしまう
わたしです。
何度でも、この言葉を聞かせてください。
そしてわたしを、
あなたの世界で生きる者にしてください。

# 10日

## 御業のために

イエスが山に登って、これと思う人々を呼び寄せられると、彼らは御もとに来た。そこで、十二人を任命し、使徒と名付けられた。彼らを自分のそばに置くため、また、宣教に遣わし、悪霊を追い出す権能を持たせるためであった。こうして十二人を任命された。シモンにはペトロという名を付けられた。ゼベダイの子ヤコブとヤコブの兄弟ヨハネ、この二人にはボアネルゲス、すなわち、「雷の子ら」という名を付けられた。アンデレ、フィリポ、バルトロマイ、マタイ、トマス、アルファイの子ヤコブ、タダイ、熱心党のシモン、それに、イスカリオテのユダ。このユダがイエスを裏切ったのである。

（マルコによる福音書3章13～19節）

主イエスを信じるとは、主イエスを主とすることです。その弟子になることです。弟子なのですから、もはや自分中心ではあり得ません。中心の座を主と仰ぐ方に譲り、自分はその周辺に座って、その言葉に従います。それが信仰生活です。

主イエスは一二人の、使徒と呼ばれる特別な弟子をお召しになりました。ご自分のそばに置くため、宣教に遣わし、悪霊を追い出す力を持たせるためです。この三つは、この人たちの任務です。そして主イエスを主として従うわたしたちすべての者に与えられている任務です。

第一は、主イエスのそばにいることです。そばにいれば、主イエスの言葉が聞こえ、主イエスのなさることが見えます。それをじっと見、聞いていることです。

次にそれを宣べ伝えることです。主イエスとは、神さまとはこういう方である、と語ること、語って、人々の心にそれを伝えることです。これは、多くの人が聞く耳を持たないように見える現代では、なかなか難しいことです。しかし、必ず耳を傾ける人がいます。福音を必要としている人がいるのです。

最後に、悪霊を追い出すことです。悪霊はわたしたちを神さまから引き離そうと、今でも働いています。物事が順調に行っている時には、神さまなど必要ないと思い、本当に苦しい事態に直面すれば、神さまなど当てにならないと思います。順境にあっても逆境の中でも、わたしたちは神さまを無視するように生きているのです。これは悪霊の働きです。それと戦うのです。

二人には、いろいろな人がいました。熱心党と呼ばれた人がいました。ローマからの独立を勝ち取るために、剣を持って戦うことを志した人たちです。一方徴税人として、そのローマの手先となって働いた人もいました。この二人は、主イエスがいなければ、決して一緒にはなれない人たちでした。

また彼らの中で岩（ペトロ）というあだ名を付けられた男がいました。岩のようにしっかりとした信仰をもって教会を支える人間になるようにと主が願われたのでしょう。雷の子ら、という名前をもらった兄弟もいました。怒りっぽくて、すぐ頭に血が上る人たちだったのでしょう。

ひとりひとりの性格の違いを、主は受け入れて、用いてくださいました。わたしには、どんな呼び名を付けてくださるでしょうか。

主イエスさま、あなたは種々雑多な人々を、
弟子とされました。みなあなたから、
これと思われて選ばれた人たちです。
その中のひとりに、
わたしを加えてくださったことを、感謝します。
どうぞわたしの強さも弱さも、
あなたの御業のために用いてください。

# 11日

## 主イエスの家族はどこに

イエスの母ときょうだいたちが来て外に立ち、人をやってイエスを呼ばせた。時に、群衆がイエスの周りに座っていた。「御覧なさい。お母様と兄弟姉妹がたが外であなたを捜しておられます」と知らされると、イエスは、「私の母、私のきょうだいとは誰か」と答え、周りに座っている人々を見回して言われた。「見なさい。ここに私の母、私のきょうだいがいる。神の御心を行う人は誰でも、私の兄弟、姉妹、また母なのだ。」

（マルコによる福音書3章31～35節）

## 11日／マルコによる福音書3章31〜35節

主イエスが救い主としての働きをお始めになったのは、およそ三〇歳の時です。それまではナザレ村の大工の青年として生活をされました。その主イエスが家を出て、救い主として働き始められたことは、家族にとっては大きな衝撃でした。今まで一家の中心となって支えてきてくれた人が、突然家を出てしまわれたのです。その主イエスのまわりにはいつも大勢の人がいて、食事をする暇もないほど忙しい生活をしておられましたが、そういう噂を聞くたびに、理解できなかったのです。

それで母マリアと弟たちが、主イエスに会うために出かけて行ったのでした。その時主イエスは、大勢の人の真ん中に座って話をしておられました。ラビが話をする時には座ります。そうすると周りの人も座って話を聞くのです。

マリアはその人々の外に立って、ひとりの人に、主イエスを呼んで欲しいと頼んだのでしょう。頼まれた人は、主イエスの母が来られたと知って、驚いてそれを主に告げたのです。恐らく主がすぐに立ちあがって、家族のもとへ行かれると思ったことでしょう。でも主はそうなさいませんでした。「私の母、私のきょうだいとは誰か」と言い、それから周囲の人を見回して「ここに私の母、私のきょうだいがいる。神の御心を行う人は誰でも、私の兄弟、姉妹、また母なのだ」と言われたのです。

予想もしなかったこの主の言葉を聞いて、マリアと弟たちの心は凍り付いたのではないでしょうか。そして恐らく、彼らは主イエスと話をすることができないままに、ナザレへ帰ったのです。

マリアと兄弟たちは、人々の中に入らず、外に立っていました。その人たちと自分たちは違うと思っていたからです。人々は主イエスを「わが主」と呼びました。でも家族にとっては「わが子」であり「わが兄」です。だから人々の中に入れなかったのです。

使徒言行録の1章14節に、弟子たちと一緒に、母マリアと兄弟たちが祈っていたと書いてあります。彼らも主を「わが主」と呼ぶようになったのです。厳しい主イエスの姿に一度は心を痛めながら、でもその本当の思いを、受けとめたのでしょう。そのようにして彼らもまた、主の家族の中に加えられたのです。

主イエスさま、あなたの厳しいお言葉に、
母マリアと兄弟たちは
どれほど心を痛めたことでしょう。
でもその厳しさは救いの真実を示すものです。
その真実によってこのわたしも、
あなたの家族のひとりとされていることを、
感謝します。

# 12日

## なぜ怖がるのか

さて、その日の夕方になると、イエスは弟子たちに、「向こう岸へ渡ろう」と言われた。そこで、彼らは群衆を後に残し、イエスを舟に乗せたまま漕ぎ出した。ほかの舟も一緒であった。すると、激しい突風が起こり、波が舟の中まで入り込み、舟は水浸しになった。しかし、イエス自身は、艫《とも》の方で枕をして眠っておられた。そこで、弟子たちはイエスを起こして、「先生、私たちが溺《おぼ》れ死んでも、かまわないのですか」と言った。イエスは起き上がって、風を叱り、湖に、「黙れ。静まれ」と言われた。すると、風はやみ、すっかり凪《なぎ》になった。イエスは言われた。「なぜ怖がるのか。まだ信仰がないのか。」弟子たちは非常に恐れて、「一体この方はどなたなのだろう。風も湖さえも従うではないか」と互いに言った。

（マルコによる福音書4章35～41節）

ガリラヤ湖は琵琶湖の四分の一くらいの大きさの湖です。向こう岸へ行くのは不可能ではありませんが、夕方になってそれをするのは、危険を伴う行為です。ガリラヤ湖は周りを山に囲まれていて、地形の関係で突風が吹くことがあるからです。

その時も激しい突風が起こって、波が舟に入り、水浸しになりました。弟子たちは必死で水を外にかい出しましたが、ふと見ると主イエスが艫（舟の後部）の方で枕をして眠っておられます。連日大勢の群衆を相手にして、疲れておられたのでしょう。弟子たちは主イエスを揺り起こし「先生、私たちが溺れ死んでも、かまわないのですか」と言って主を難詰しました。

子どもの頃、冬の夜の海岸へ行ったことがあります。あたりは真っ暗闇で、ただ、ものすごい波の音だけが聞こえます。波打ち際まで行ってみようと思いましたが、足が出ませんでした。一歩踏み出したら、波に呑まれそうな恐怖を感じたからです。夜の荒れた海は、本当に怖いです。

でもその時主イエスが起き上がって風を叱り、湖に向かって「黙れ。静まれ」と言われると、風がやんで、あたりはすっかり静かになってしまいました。それから主は弟子たちに「なぜ怖がるのか。まだ信仰がないのか」と言われました。

この言葉は、わたしたちには理解不可能です。夜の嵐の湖で、死にそうな体験をしたのに、それを怖がらない人間はいません。でも、それが主イエスには不思議なのです。そして弟子たちは、このように語られる主イエスを恐れました。その恐れは、嵐を怖れる恐れよりも大きかったのです。

でもわたしたちは、これとちょうど逆のことが起こった出来事を、知っています。主イエスが十字架にかかられる前の晩のことです。その時は十字架を前に恐れおののかれた主イエスが、弟子たちに、起きて祈っていて欲しいと願われ、ご自分は必死の祈りをなさいました。でも弟子たちは、その主イエスのそばで、眠り込んでしまったのです（マルコ14・32〜42）。

わたしたち人間は、嵐の波を恐れますが、神さまの審《さば》きを恐れません。でも、嵐の波を恐れなかった主イエスは、心から神さまの審きを恐れられました。主イエスは、恐れるべきでないことと、真実に恐れるべきことを、ご存じだったのです。

主イエスさま、あなたは、
真実に恐れるべきことと、
恐れなくていいことを、教えてくださいました。
あなたが恐れたものを、
わたしも恐れますように。
そしてあなたが恐れなかったものを、
わたしも恐れませんように。

# 13日

## 名は何と言うのか

この人は墓場を住みかとしており、もはや誰も、鎖を用いてさえつなぎ止めておくことはできなかった。度々《たびたび》足枷《あしかせ》や鎖でつながれたが、鎖を引きちぎり足枷を砕くので、誰も彼を押さえつけることができなかったのである。彼は夜も昼も墓場や山で叫び続け、石で自分の体を傷つけていた。イエスを遠くから見ると、走り寄ってひれ伏し、「いと高き神の子イエス、構わないでくれ。後生《ごしょう》だから、苦しめないでほしい」と大声で叫んだ。イエスが、「汚れた霊、この人から出て行け」と言われたからである。イエスが、「名は何と言うのか」とお尋ねになると、「名はレギオン。我々は大勢だから」と答えた。

（マルコによる福音書5章3～9節）

悪霊に憑《つ》かれたこの人の行動は、一貫性がありません。墓場に住むのは、生きている人の間に住むのが苦痛だったからでしょう。人々が明るく元気に生活しているのを見ると、そのように生きられない自分の惨めさを思い知らされるからです。でもそのように、生きている人々を避けながら、叫び続けるのは、誰かに自分の存在に気づいて欲しいからです。そして自分を縛り付ける鎖を引きちぎるほど強く自由を求めながら、一番大切な自分を傷つけてしまいます。

この人のこのようなあり方は、わたしたちと無関係ではないでしょう。わたしたちも心の奥底で、人を恐れつつ人を求め、自分を大切にしたいと願いつつ自分を傷つけてしまうことがあるでしょう。本当の自分でありたいと願いながら、そうあることができない苦しみを、わたしたちも知っています。

この人は主イエスを遠くから見て走り寄りながら、「構わないでくれ」と言います。構わないで欲しいのなら、来なければいいのですが、引き寄せられるように、主イエスのもとに来てしまうのです。悪霊に支配されながら、それでも救いを求める思いが、悪霊の力にまさって、この人を主イエスのもとに走り寄らせたのです。

その人に主は「名は何と言うのか」とお尋ねになりました。小さいころから、呼ばれ続けたあなたの名前があるだろう。それは何か、とお尋ねになったのです。主は、この人の名前を問うことによって、本当のこの人を、呼び出そうとされたのでしょう。もしこの人が「わたしの名前は何々です」と言えたら、悪霊の支配から解放される道が、そこから拓けるとお考えになったのだと思います。

しかしこの人は、自分の名前が言えませんでした。代わって悪霊が「レギオン」と答えます。レギオンはローマの軍団の名で、数千の歩兵を含んでいたと言われます。それだけの数の悪霊が入り込んで、この人を支配していたのです。主はその支配から、この人を解放されました。

わたしたちも、この世に調子を合わせ、遠慮したり、忖度《そんたく》したりしながら、本当の自分でいられなくなることがあります。何よりも罪の支配によって、神さまに造られた本来の自分の姿を失ってしまっています。それらの支配の力は、レギオンに匹敵します。主イエスはそれらの力からわたしたちを解放して、本来のわたしたちの姿を取り戻してくださいます。そのためにこの世に来られたのです。

主イエスさま、わたしが神さまに造られた
本来の姿で生きることを、
わたし自身よりも、あなたが熱心に願い、
そのために
わたしのところに来てくださったことを、
感謝します。世の惑わしに負けずに、
本当の自分を生きることができるように、
助けてください。

# 14日

## 幼子の心で

その時、イエスはこう言われた。「天地の主である父よ、あなたをほめたたえます。これらのことを知恵ある者や賢い者に隠して、幼子たちにお示しになりました。そうです、父よ、これは御心に適うことでした。すべてのことは、父から私に任せられています。父のほかに子を知る者はなく、子と、子が示そうと思う者のほかに、父を知る者はいません。」

（マタイによる福音書11章25〜27節）

## 14日／マタイによる福音書11章25〜27節

幼稚園の礼拝で歌う歌があります。

あかるい朝も、くらい夜も
やさしくきよい、神さまの
お声はよい子に　聞こえます。

この歌が伝えていることの第一は、神さまのお声が聞こえる、ということです。神さまを見ることはできません。でも言葉を通して、神さまはそのみ心をわたしたちに伝えてくださいます。

その神さまは、やさしくきよい神さまです。何よりも心からわたしたちを愛してくださる方です。同時に、嘘やごまかしを決して見過ごしにされない、きよい方です。

その神さまの声は、あかるい朝も、くらい夜も聞こえます。暗闇の中で道がわからなくなる時にも、神さまの声は光となって導いてくださいます。そしてその声は、よい子に聞こえるのです。でも、よい子とは、どういう人でしょうか。

主イエスが天の国の福音を宣べ伝えられた時に、それを喜んで受け入れた人は少数でした。特に、旧約聖書の知識を持ち、自分の信仰生活に自信を持っている人たちは、主の福音を受け入れず、悔い改めてそれを信じることをしませんでした。かえって、罪人や徴税人、遊女などが、主を喜び、受け入れたのです。

主はこのような人たちを「幼子たち」と呼ばれました。幼子は親の愛がなければ生きていくことはできません。親に信頼し、親に頼って生きるのが、幼子です。そのように、自分の力で神さまのみ心に従うことができず、それ故に主イエスが来てくださったことを心から喜んで受け入れた人たちを、主は幼子と呼ばれたのです。

よい子は、親を信頼し、その言葉に耳を傾けます。たとえ大人であっても、神さまに対して、そういう心を持っている人は、よい子なのです。

主イエスさま、
わたしを、従順で素直な心であなたに従う、
よい神さまの子どもにしてください。
そのために、
ますます深くあなたを愛し、
父なる神さまを愛する心を、与えてください。

# 15日

## 主に仕えていただく

さて、一行が旅を続けているうちに、イエスはある村に入られた。すると、マルタと言う女が、イエスを家に迎え入れた。彼女にはマリアと言う姉妹がいた。マリアは主の足元に座って、その話を聞いていた。マルタは、いろいろともてなしのために忙しくしていたが、そばに立って言った。「主よ、姉妹は私だけにおもてなしをさせていますが、何ともお思いになりませんか。手伝ってくれるようにおっしゃってください。」主はお答えになった。「マルタ、マルタ、あなたはいろいろなことに気を遣い、思い煩《わずら》っている。しかし、必要なことは一つだけである。マリアは良いほうを選んだ。それを取り上げてはならない。」

（ルカによる福音書10章38～42節）

しばらく前に、教会員と一緒にこの物語を学んだ時に、ひとつの問いを出しました。この後、マルタとマリアはどうしただろうか、ということです。いろいろな意見が出されました。でも一番多かったのは、マルタが料理の手を休めて、マリアと一緒に主のみ言葉を聞き、それが終わってから、一緒に料理をしたのではないか、ということでした。

明らかにこの時のマルタは間違っていました。主イエスのためにごちそうを作ろうと思って作業を始めたのに、結局は、自分が一番大切なお客様としてもてなそうとした主イエスに不平を言うことになってしまったからです。こんなことは、マルタ自身、思いもよらないことだったでしょう。何が間違っていたのでしょうか。

このようになった経緯については、いろいろと考えられます。あれもこれもと欲張って多すぎるメニューを考えたために、時間に追われるようになり、心に余裕がなくなって、手伝おうとしないマリアと、それを許している主イエスに不満を持つようになったのかもしれません。でもその根本にあるのは、主イエスはどういう方か、ということについての無理解だと思います。

ご自身について、主は「人の子は、仕えられるためではなく仕えるために、また、多くの人の身代金として自分の命を献げるために来たのである」（マルコ10・45）と言われました。恐らくこの時も、主は、自分が食卓に着いて、二人にごちそうしてもらおうと思ったのではなく、彼らに仕えるために来られたのでしょう。

それは具体的には、ご自身と、ご自身の救いの道を、彼らにお示しになることです。マリアはその主イエスの奉仕を受け入れて、主の足元に座って、み言葉に耳を傾けました。その間マルタは、自分の思い通りのごちそうを並べようと忙しくしていたのですが、主はマルタにも、ご自分の奉仕を受けて欲しいと願っておられたのではないでしょうか。

奉仕の生活の原点は、主イエスの奉仕を、感謝しつつ十分に受けることです。その姿勢を忘れて、自分が主に仕えようと思い、仕えていると思い込んだ時に、奉仕の業が道を外れてしまうのです。

主イエスさま、
あなたがわたしに仕えるために
来てくださったことを、感謝します。
あなたの奉仕を十分に受けさせてください。
それから、
喜んであなたに仕える者となりますように。

# 16日

## 岩の上に教会を

イエスは、フィリポ・カイサリア地方に行ったとき、弟子たちに「人々は、人の子を何者だと言っているか」とお尋ねになった。弟子たちは言った。「洗礼者ヨハネだと言う人、エリヤだと言う人、ほかに、エレミヤだとか、預言者の一人だと言う人もいます。」イエスは言われた。「それでは、あなたがたは私を何者だと言うのか。」シモン・ペトロが答えた。「あなたはメシア、生ける神の子です。」すると、イエスはお答えになった。「バルヨナ・シモン、あなたは幸いだ。あなたにこのことを現したのは、人間ではなく、天におられる私の父である。私も言っておく。あなたはペトロ。私はこの岩の上に私の教会を建てよう。陰府《よみ》の門もこれに打ち勝つことはない。……」

（マタイによる福音書16章13〜18節）

教会は不思議な集団です。メンバーも、活動の内容も、すべて目に見えます。でも見えない部分があります。パンもぶどう酒も、どこにでもあるものですが、教会の聖餐式で用いられると、主イエスの命にあずからせるものになります。教会が教会であるのは、この不思議な部分があるからです。

主イエスが弟子たちを連れて外国の町へ行かれました。そこで、主は二つの問いを出されました。一つは、「人々は、人の子（ご自分のこと）を何者だと言っているか」です。これには、洗礼者ヨハネ、エリヤ、エレミヤ、預言者のひとりと言っていますと弟子たちは答えました。神さまから遣わされた人間、という意味です。こういう人たちは、珍しくありません。牧師は神さまから教会に遣わされた人ですし、わたしたちも、その時その時に、神さまから遣わされた人に出会います。

もう一つの問いは、「あなたがたは私を何者だと言うのか」です。この問い自体が、主イエスが目に見える以上の存在であることを示しています。それに対してペトロが、わたしたちを救うために人となって来てくださった神さまです、と答えました。

この答えは、答える者自身を変えないではおかない答えです。天地宇宙の創造主、全能の神が、このわたしを罪から救うために、人となられたというのです。ありえないことです。そのありえないことが、起こったのです。ですからこれを知った者は、それまでのように、自分自身のために生き続けることは、もはやできません。

この告白をしたシモンを、主は「ペトロ（岩）」と呼ばれ、「この岩の上に私の教会を建てよう」と言われました。ペトロに続いてこの告白をする者は誰でも、岩の上の教会になります。死の力も、この教会を動かすことはできません。

教会の中で、最後まで信仰を持ち続けて、地上を去って行く人がいます。悩みの多い人生を、迷いながら生きてきました。でも、最後には主を賛美し、信仰者として生きたことを喜びながら去って行きます。たとえ高齢のために、信仰がわからなくなっていても、不安はありません。その人も岩の上に建てられた教会の一員だからです。

主イエスさま、あなたはこの地上に
あなたの教会を建ててくださり、
わたしを招き入れてくださいました。
死の力も、この教会を崩すことはできません。
わたしの歩みに、
確かな拠《よ》り所を与えてくださったことを、
感謝します。

# 十字架と復活へ

# 17日

## わたしの正体

六日の後、イエスは、ペトロ、それにヤコブとその兄弟ヨハネだけを連れて、高い山に登られた。すると、彼らの目の前でイエスの姿が変わり、顔は太陽のように輝き、衣は光のように白くなった。見ると、モーセとエリヤが現れ、イエスと語り合っていた。ペトロが口を挟んでイエスに言った。「主よ、私たちがここにいるのは、すばらしいことです。お望みでしたら、ここに幕屋を三つ建てましょう。一つはあなたのため、一つはモーセのため、もう一つはエリヤのために。」ペトロがこう話しているうちに、光り輝く雲が彼らを覆った。すると、雲の中から、「これは私の愛する子、私の心に適う者。これに聞け」と言う声がした。

（マタイによる福音書17章1～5節）

この箇所を説教したある人が「主イエスの正体」という説教題をつけました。正体とは、その人の本当の姿のことです。ある人の正体がわかるというのは、普通はがっかりする出来事ですが、主イエスの場合は、不安がなくなって、ますます主イエスを愛するようになります。

それが起こったのは、主がペトロ、ヤコブ、ヨハネの三人を連れて高い山に登られた時です。彼らの目の前で主イエスのお姿が変容したのです。普段の主イエスは、舗装もされていない道を歩き回っておられましたから、顔にも服にも土ぼこりがこびりついていたでしょう。でもその顔が太陽のように輝き、服は光のように白くなりました。それだけではなくて、弟子たちが気がつくと、モーセとエリヤが現れて、主イエスと語り合っていたのです。

その光景があまりにすばらしかったので、ペトロは思わず主イエスに向かって、「ここに幕屋を三つ建てましょう」と言います。三人がそこにいつまでも留まれるようにと考えたのです。でもやがて雲が彼らを覆い、何も見えなくなります。そして雲の中から「これは私の愛する子、私の心に適う者。これに聞け」という声が響きます。恐れてひれ伏した彼らに、主は近づいて手を触れます。顔を上げると、そこにはもとの姿の主が立っておられました。

千葉から東京へ向かってアクアラインの橋を通ると、天気がよい日は、ぐるっと三浦半島から横浜、川崎、スカイツリーやディズニーランド、そしてかすかに富士山も見えます。でもある年のお正月にそこを通った時には驚きました。それらの町の背後に、雪をいただいたきれいな山並みが見えたからです。東京や横浜は、実は山に囲まれているのです。その時、普段自分が見ているものは、実際にあるものの全部ではないと、わかりました。隠れていて、見えないものがあるのです。

学校で習う歴史は、人間が作ったもので、誰が、あるいはどの国がその時の支配者かを示しています。わたしたちはそれが世界の歴史だと思っていますが、その背後に、この世を救ってくださる神さまの救いの歴史があるのです。天地創造から世の終わりに向かう歴史です。いつか、霧が晴れるように、隠されていたその歴史の全貌が明らかになるでしょう。その時に、主イエスの正体が明らかになります。そしてわたしたちの正体も。

主イエスさま、
混乱したこの世界の歴史の背後に、
神さまの救いの歴史があることを、
あなたが教えてくださいました。
わたしを、見えるものに惑わされず、
見えないものに目を注ぎながら生きる者に
してください。

# 18日

## 神の国の働き人

夕方になって、ぶどう園の主人は管理人に言った。「労働者たちを呼んで、最後に来た者から始めて、最初に来た者まで順に賃金を払ってやりなさい。」そこで、五時ごろに雇われた人たちが来て、一デナリオンずつ受け取った。最初に雇われた人たちが来て、もっと多くもらえるだろうと思っていたが、やはり一デナリオンずつであった。それで、受け取ると、主人に不平を言った。……主人はその一人に答えた。「友よ、あなたに不当なことはしていない。あなたは私と一デナリオンの約束をしたではないか。自分の分を受け取って帰りなさい。私はこの最後の者にも、あなたと同じように支払ってやりたいのだ。」

（マタイによる福音書20章8〜14節）

ぶどうは、熟したら素早く収穫しなければならない果物だそうです。だからこの主人は、たくさんの労働者を雇うために、朝早く広場へ行き、そして一日一デナリオンの約束で労働者を雇いました。

しかし不思議なことに、この主人はそれから何度も広場へ行き、午後五時にも行って、労働者を雇いました。そしてもっと不思議なことに、この人は、この最後の人たちにも、一デナリオンを払いました。朝から一日中汗を流した人と、たった一時間しか働かなかった人と、同じ賃金を払ったのです。確かに約束違反ではありませんが、でもあまりに不公平だと、誰もが思います。

どうしてこの主人は、こんなことをしたのでしょうか。理由はただひとつ、「この最後の者にも、同じように支払ってやりたい」という思いです。我がままとも見えるこの主人の思いが支配するところ、それが天の国だと、主イエスは言われるのです。

早朝から働いた人にとって、一デナリオンは契約に基づいて支払われる報酬です。しかしそれ以外の人にとって、一デナリオンは本来もらえるはずのない恵みの賜物です。早朝から働いた人はユダヤ人で、それ以外の人は異邦人と考えられます。また旧約の世界で生きている人と、新約の世界で生きている人というふうにも考えられます。

早朝から働く人は一斉に同じ時間から働き始めますが、それ以外の人の働き始める時間はばらばらです。朝九時から働く人もいれば、夕方五時からの人もいます。律法に従って生きる人の生活は、戒めを守るという点でひとつですが、福音によって生きる人の生活は様々です。契約に従って早朝から働いた人は不平を言いましたが、九時から働いた人は不平を言いませんでした。九時から働こうが、五時から働こうが、恵みによって生かされているという事実は変わらないからです。日曜日の朝早く教会に来る人は、大抵夕方まで残って奉仕をします。遅く来た人が早く帰ることが多いです。それぞれの生活の状況があるからです。でも誰もそれについて不平を言いません。恵みによって生かされているからです。

どうしてこの主人はこんな不思議な働かせ方をするのでしょうか。それは、この人は、ぶどう園のために労働者を雇っているのではなくて、労働者のためにぶどう園を開いている人だからです。どんな人でも、神の国の働きに加わることができるように、このぶどう園は開かれているのです。

主イエスさま、
わたしをあなたの体である教会に
加えてくださったことを、感謝します。
弱い部分に配慮しながら、
あなたの御心に従って動く体です。
どうぞわたしを、
あなたの体のよい一部にしてください。

# 19日

## 死の現実を前にして

マリアはイエスのおられる所に来て、イエスを見るなり足元にひれ伏して、「主よ、もしここにいてくださいましたら、私の兄弟は死ななかったでしょうに」と言った。イエスは、彼女が泣き、一緒に来たユダヤ人たちも泣いているのを見て、憤りを覚え、心を騒がせて、言われた。「どこに葬ったのか。」彼らは、「主よ、来て、御覧ください」と言った。イエスは涙を流された。ユダヤ人たちは、「御覧なさい、どんなにラザロを愛しておられたことか」と言った。しかし、「盲人の目を開けたこの人も、ラザロが死なないようにはできなかったのか」と言う者もいた。

（ヨハネによる福音書11章32〜37節）

人の死は、不思議です。生きている者は必ずいつかは死ぬのですから、愛する者の死も、自分自身の死も、やがては来るものと知っているのに、決してそれを納得することができません。自然現象のひとつとして静かに受け入れようとしても、それができません。

主イエスがベタニアの村に着かれたのは、ラザロが死んで四日目でした。当時は、人が死んでも三日目までは生き返る希望があったと言います。でも主が来られた時は、それを過ぎていました。もちろんこれは主にお考えがあってのことです。それは「神の子がそれによって栄光を受ける」（11・4）ためであり「あなたがたが信じるようになる」（15節）ためです。

しかしその主イエスも、「主よ、もしここにいてくださいましたら、私の兄弟は死ななかったでしょうに」というマリアの、深い嘆きと静かな怒りを含んだ言葉を聞き、また彼女と、一緒に来たユダヤ人たちの涙を見て、平静でいることはできませんでした。憤りを覚え、心を騒がせて、ラザロの墓の場所を訪ね、そして、恐らく墓の前で、涙を流されたのです。

主イエスは、死者を復活させる力のおありになる方です。前もってそのことを弟子たちに語り、またマルタにもそれを伝えておられました。しかしながら、主は、人の死など自分には何の問題もないと、超然と人々の嘆きや悲しみを見下ろし、ご自分の力を示される方ではありません。死の支配という現実が、これほどまでに人々を悲しませ、絶望させているここに激しい憤りを覚え、心を騒がせ、そして涙を流される方です。わたしたちと同じ悲しみを味わい、同じ憤りを覚え、心を騒がせられる方です。神の子でありながら、わたしたちと同じ地上を歩き、同じ空気を吸い、同じ水を飲まれた方です。わたしたちと同じように、この地上から、父なる神に叫ばれた方です。

「主よ、来て、御覧ください」と人々は言いました。人が死ぬという現実を、御覧ください。死がわたしたちを支配している現実を、どうぞ御覧ください。わたしたちを悲しませているもの、絶望させているものを、どうぞ御覧ください。その声を受けて、主は涙を流しつつ、人の死の現場に、足を踏み入れられました。そしてそこで奇跡を起こされたのです。

主イエスさま、愛するラザロの死を前にして、
憤り、心を騒がせ、涙を流された
あなたのお姿を、わたしは忘れません。
まことの神であられるあなたが、
本当に、わたしたちと同じ人として、
この地上を生きてくださいました。
あなたこそ、わたしの光、わたしの望みです。

# 20日

## 仕える者になりなさい

そこで、イエスは一同を呼び寄せて言われた。「あなたがたも知っているように、諸民族の支配者と見なされている人々がその上に君臨し、また、偉い人たちが権力を振るっている。しかし、あなたがたの間では、そうではない。あなたがたの中で偉くなりたい者は、皆に仕える者となり、あなたがたの中で、頭《かしら》になりたい者は、すべての人の僕になりなさい。人の子は、仕えられるためではなく仕えるために、また、多くの人の身代金として自分の命を献げるために来たのである。」

（マルコによる福音書10章42～45節）

「あなたがたの中で偉くなりたい者は、皆に仕える者となり、あなたがたの中で、頭になりたい者は、すべての人の僕になりなさい」。これは、誰が聞いても、よい言葉です。これに反対する人はいないでしょう。しかし、実際にどれほどの人が、この言葉の通りに生きているでしょうか。

幼稚園の年長と年中の子がけんかをした時に、年長の子が言いました。「何だおまえ、年中のくせに年長に向かって威張るのか」。これは子どもの言葉ですが、でも大人も心の中で同じことを言います。

強くなりたい、大きくなりたい、偉くなりたいという思いは、わたしたちの中に染みついています。ある人がこう言いました。わたしたちは誰でも、強くなりたい、偉くなりたいと思う。それは、強くないと、偉くないと、自分には価値がないと思ってしまうからだ。でもわたしたち信仰者は、自分が神さまに造られたことを知っている。何ができなくても、自分には価値があると知っている。だからわたしたちは、権力を振るって、自分の価値を示す必要はないのだ、と。

ここで主イエスが「あなたがたの間では、そうではない」と言っておられるのは、重要です。神さまを知らない異邦人の間では、偉い人が権力を振るうのは当たり前です。でも主イエスの弟子は違うはずなのです。

主イエスは弟子たちに「食事の席に着く人と仕える者とは、どちらが偉いか。食卓に着く人ではないか。しかし、私はあなたがたの中で、仕える者のようになっている」(ルカ22・27)と言われました。ある学校の寮の夕礼拝に招かれた時、礼拝前に一緒に食事をしました。食前の祈りが終わると、何人かが一斉に立ち上がって給仕をし始めました。その人たちは一年生でした。上級生は黙って給仕してもらっているのです。でも、もしそこに主イエスがおられたら、一年生と一緒に立ち上がって、給仕をされたことでしょう。

家庭では、子どもが座って、親が給仕をします。それは親が子どもを愛しているからです。主が給仕をされるのは、弟子たちを愛しておられたからです。偉くなりたい者は仕える人になりなさい、とは、皆を愛する人になりなさい、ということです。愛があるから、仕えることができます。その愛は、主イエスがくださるのです。

主イエスさま、
神の子でいますあなたが
身を低くして仕えてくださる姿を見る時に、
わたしが、どれほど傲慢かを知らされます。
あなたに倣って、身を低くして、
与えられた人々を愛する者にしてください。

# 21日

## 愛の強さを

一行がエルサレムに近づいて、オリーブ山に面したベトファゲに来たとき、イエスは二人の弟子を使いに出そうとして、言われた。「向こうの村へ行きなさい。するとすぐ、ろばがつないであり、一緒に子ろばのいるのが見つかる。それをほどいて、私のところに引いて来なさい。もし、誰かが何か言ったら、『主がお入り用なのです』と言いなさい。すぐ渡してくれる。」それは、預言者を通して言われたことが実現するためであった。

「シオンの娘に告げよ。
『見よ、あなたの王があなたのところに来る。
へりくだって、ろばに乗り
荷を負うろばの子、子ろばに乗って。』」

（マタイによる福音書21章1～5節）

エルサレムの町に入られる時に、主がろばの子に乗られたのは、長い旅をしてお疲れになられたからではありません。旧約聖書のゼカリヤ書の中に、イスラエルの王がろばに乗って来られる、という預言があるのです（9・9）。主はこの預言に従ってろばに乗られたのでした。この預言を知っていた民衆は、主イエスを王として大歓迎しました。

でもろばに乗る王さまは不思議な存在です。普通王さまは馬に乗るものです。馬に乗って威風堂々と行進するのが王さまの姿です。王さまは強く、威厳がなければならないからです。しかし旧約聖書はろばに乗る王さまを預言しました。何故でしょうか。

わたしが若い頃、こういう言葉を聞きました。「俺は強いぞ、という言葉は、本当に強い人は言う必要のない言葉である。本当に強くない人は言ってはならない言葉である」。その通りです。それにもかかわらずみんな「俺は強いぞ」と言いたがります。強いのがいいからです。弱いのはいやなのです。何とか強くなりたいとみんな思うのです。個人だけではありません。国もそうです。我が国は強いぞ、と言うために武器をたくさんため込むのです。

そういうわたしたちの現実を知りながら、聖書は、あなたがたの王さまは、柔和な方で、ろばに乗る、と預言しました。本当に強い王さま、俺は強いぞと言う必要のない王さまは、馬ではなく、ろばに乗るのです。

イザヤ書は、救い主である主の僕について、こう語ります。「彼は叫ばず、声を上げず、巷《ちまた》にその声を響かせない。傷ついた葦《あし》を折らず　くすぶる灯心の火を消さず　忠実に公正をもたらす。彼は衰えず、押し潰《つぶ》されず　ついには、地に公正を確立する。島々は彼の教えを待ち望む」(42・2〜4)。

わたしたちが強くなりたがるのは、押しつぶされないためです。そのために力が必要だと思うのです。しかし、衰えず、押しつぶされず、地に公正を確立するのは、叫ばず、巷に声を響かせない人です。その人こそ、わたしたちを、そしてこの世界を、根底から新しくしてしまわれる、本当の強さをお持ちの方です。

主イエスさま、
あなたはわたしに希望をもち、
わたしを信じ、愛し抜いてくださいます。
あなたの愛の強さが、わたしの光です。
どうぞわたしを、あなたと同じ強さをもって、
人を愛する者にしてください。

# 22日

## 神の知恵によって

イエスはこれらの言葉をすべて語り終えると、弟子たちに言われた。「あなたがたも知っているとおり、二日後は過越祭《すぎこしさい》である。人の子は、十字架につけられるために引き渡される。」その頃、祭司長たちや民の長老たちは、カイアファと言う大祭司の屋敷の中庭に集まり、イエスをだまして捕らえ、殺そうと相談した。しかし、彼らは、「祭りの間はやめておこう。民衆の中に騒ぎが起こるといけない」と話していた。

（マタイによる福音書26章1〜5節）

主イエスが十字架につけられた事の次第を詳しく見てみると、人の思惑をはるかに超えた神の知恵が際だって見えてきます。

主イエスを殺そうとしていたのは、ユダヤ人の指導者たちです。彼らは、過越の祭りの間は、事を起こすのはやめておこう、と話し合っていました。過越はユダヤ人にとって最大の祭りです。その時には世界各地に散らされていたユダヤ人たちがエルサレムに集まり、町の人口は何倍にもふくれあがるのです。そのような時に、民衆の信頼を得ている主イエスを捕らえて、彼らが騒ぎ出したりしたら、大変なことになると思ったのです。あくまでも隠密裏に事を進めなければならない、というのが彼らの考えでした。

しかしながら、事態は彼らの考えを超えて展開していきます。弟子のひとりのイスカリオテのユダが裏切りを申し出て、彼らは民衆に気づかれずに、夜の間に主イエスを捕らえることができました。しかも、その民衆を扇動して、その圧力でローマ総督の裁判を彼らの思い通りに進めさせることにまで成功しました。こうして彼らの思惑よりもずっと順調に事が進んで、祭りが始まると同時に、主イエスを十字架につけることができたのでした。

ユダヤ人の指導者たちは喜んだでしょう。しかし実は、過越の祭りの間に主イエスが十字架にかかられることは、神さまがお決めになったことでした。そして主は、その神さまの御心に従って、事態をそのように動かしておられたのです。主イエスの十字架という出来事の主導権を握っていたのは、主イエスご自身だったのです。

過越は、ユダヤ人にとって最も大事なお祭りです。昔彼らの先祖たちがエジプトの奴隷だった時に、神さまの大いなる御業が示されて、彼らはエジプトの奴隷であった身分から解放されました。その救いの業によって、彼らは神の民になりました。

主イエスは、ご自分の十字架の死と復活という出来事が、この過越に取って代わるものであることを示すために、祭りの間にそれが起こるようになさったのでした。主の十字架と復活は、人々を罪の奴隷から解放して、新しい神の民とする出来事です。人の計略は、その思惑をはるかに超えた神の深い知恵の前に、真に愚かなものとなってしまったのです。

主イエスさま、
あなたは父なる神さまの深い知恵に従って
十字架についてくださり、
わたしが神の子とされる道を
拓いてくださいました。
わたしを、人間の知恵によらず、
神の知恵に従って生きる者にしてください。

# 23日

## 足を洗っていただいて

イエスは、……夕食の席から立ち上がって上着を脱ぎ、手拭《てぬぐ》いを取って腰に巻かれた。それから、たらいに水を汲んで弟子たちの足を洗い、腰に巻いた手拭いで拭《ふ》き始められた。シモン・ペトロのところに来られると、ペトロは、「主よ、あなたが私の足を洗ってくださるのですか」と言った。イエスは答えて、「私のしていることは、今あなたには分からないが、後で、分かるようになる」と言われた。ペトロが、「私の足など、決して洗わないでください」と言うと、イエスは、「もし私があなたを洗わないなら、あなたは私と何の関わりもなくなる」とお答えになった。

（ヨハネによる福音書13章3～8節）

その行為は、何の予告もなく始められました。みんなで食事をしている時に、主イエスが席を立たれて、たらいに水を入れ、手ぬぐいを腰に巻いて、弟子たちの足下にひざまずいて、足を洗い始められたのです。弟子たちは驚いて、声も出ません。恐らく、主がどうしてそのようなことをなさるのか、理解できなかったのでしょう。でも主に向かって「何をなさっているのですか」と尋ねる者はいませんでした。そのお姿が決然としておられて、ただ黙々と弟子たちの足を洗い続けられるので、声をかけるのさえ、はばかられたのでしょう。

その中で初めてペトロが声を出しました。「主よ、あなたが私の足を洗ってくださるのですか」。主はお答えになります。「私のしていることは、今あなたには分からないが、後で、分かるようになる」。確かに今、ペトロにはわかりません。「私の足など、決して洗わないでください」。そう言って足を引っ込めてしまいます。すると主は突然厳しい顔をなさって、こう言われます。「もし私があなたを洗わないなら、あなたは私と何の関わりもなくなる」。ペトロはあわてました。思わず「それでは手も頭もみんな洗ってください」と叫んでしまいます。しかし主は、足だけでよい、と言って足を洗ってくださったのでした。

ペトロは、自分の汚れた足を主に見られるのがいやだったのでしょう。そんなところを主に洗わせるのが心苦しかったのだと思います。主が御覧になるなら、もっときれいな、見栄《みば》えのよいところにして欲しかったのです。でもきれいな、見栄えのよいところなら、主が洗ってくださる意味はありません。

それから間もなく、主イエスが捕らえられて大祭司の裁判を受けておられた時に、ペトロはユダヤ人たちに問いつめられて、三度も主イエスを知らないと言ってしまいます（マルコ14・66〜72）。あまりの自分の情けなさに、彼は愕然《がくぜん》としたことでしょう。でもその時、ペトロは初めて目が開かれたのではないでしょうか。自分が主イエスの弟子であるのは、何かそれらしい立派なところが自分にあるからではなくて、主イエスがわたしを無条件で受け入れてくださり、汚れた自分の足を洗ってくださったからなのだ、ということに。

キリスト者とは、汚れた足を主に洗ってもらった者たちです。教会は、主に足を洗っていただいた者の群れです。それ以外に、共通点はありません。だから誇るところも、自慢するところもありません。感謝しつつ、自分も、主の言葉に従って、兄弟姉妹に仕えて生きるのです。

主イエスさま、わたしを、
あなたに足を洗っていただいた者の群れに
加えてくださり、感謝します。
自分があなたに赦され、
受け入れられているように、
人を赦し、仕える者にしてください。

# 24日

## ご自身を差し出して

一同が食事をしているとき、イエスはパンを取り、祝福してそれを裂き、弟子たちに与えて言われた。「取りなさい。これは私の体である。」また、杯を取り、感謝を献げて彼らに与えられた。彼らは皆その杯から飲んだ。そして、イエスは言われた。「これは、多くの人のために流される、私の契約の血である。よく言っておく。神の国で新たに飲むその日まで、ぶどうの実から作ったものを飲むことはもう決してあるまい。」

（マルコによる福音書14章22～25節）

主イエスが十字架にかかられる前の晩、主は弟子たちと一緒に過越の食事をされました。過越の食事では、主人である者が立ってパンを取り、神さまの恵みを感謝してから、それを裂いて一同に配ります。しかしその時、主は特別なことをされました。「取りなさい。これは私の体である」と言われたのです。恐らく一同は主の言葉に驚いて、特別なものを見るようにそのパンを見たでしょう。食事の最後にも、ぶどう酒の杯を手に、同じように感謝して、それから回し飲みをします。その時、主はこう付け加えられました。「これは、多くの人のために流される、私の契約の血である」と。血を飲むことは、ユダヤ人たちが決してしないことです。一同はますます驚いて、回される杯を見、ぶどう酒を飲んだでしょう。

契約の血は、イスラエルが神と契約を結び、神の民となった時に、モーセが祭壇と民に振りかけたものです（出エジプト記24章）。主イエスはここで、その契約を結び直し、新しい神の民の誕生を宣言されました。

かつて預言者エレミヤは預言して「私はイスラエルの家、およびユダの家と新しい契約を結ぶ」（エレミヤ書31・31）という神の言葉を告げました。それは「私の律法を彼らの胸の中に授け、彼らの心に書き記す」ためであり、そのようにして「私は彼らの神となり、彼らは私の民となる」という神の願いを実現するためでした。その新しい契約は、主イエスの体と血によって、結ばれたのです。

使徒言行録の20章7節に、「週の初めの日、私たちがパンを裂くために集まっていると、パウロは翌日出発する予定で人々に話をした」とあります。生まれたばかりのキリストの教会が、ユダヤ人の礼拝とは別に自分たちの礼拝を始めようとした時に、彼らがしたことは、日曜日に集まってパンを裂くことでした。そこで説教がなされたのです。聖餐を中心に礼拝が形成されていった様子がうかがわれます。

長く求道生活をしていた人が、ある日の説教で「パンは見るものではない。食べるものだ」と語られたのを聞いて、「そうだ、いつまでも聖餐式を見ていてはいけない。自分もパンを食べる者になろう」と思い立ち、決心して洗礼を受けました。

「取りなさい。これは私の体である」、また「これは、多くの人のために流される、私の契約の血である」という言葉とともに、主はご自身をわたしたちに差し出しておられるのです。

主イエスさま、
あなたは聖餐においてご自身を
わたしに与えようとしておられます。
感謝してパンとぶどう酒を受け、
あなたの命にあずからせてください。

# 25日

## 主の三度の祈り

一同がゲツセマネという所に来ると、イエスは弟子たちに、「私が祈っている間、ここに座っていなさい」と言われた。そして、ペトロ、ヤコブ、ヨハネを伴われたが、イエスはひどく苦しみ悩み始め、彼らに言われた。「私は死ぬほど苦しい。ここを離れず、目を覚ましていなさい。」少し先に進んで地にひれ伏し、できることなら、この時を過ぎ去らせてくださるようにと祈り、こう言われた。「アッバ、父よ、あなたは何でもおできになります。この杯を私から取りのけてください。しかし、私の望みではなく、御心のままに。」それから、戻って御覧になると、弟子たちが眠っていた……イエスは三度目に戻って来て言われた。「まだ眠っているのか。休んでいるのか。もうよかろう。時が来た。人の子は罪人たちの手に渡される。立て、行こう。見よ、私を裏切る者が近づいて来た。」

（マルコによる福音書14章32〜42節）

25日／マルコによる福音書14章32〜42節

十字架にかかられる直前の主イエスの振る舞いを見ていると、不思議に思うことがあります。最後の晩餐の席で、主は、主を裏切ろうと機会をうかがっていたイスカリオテのユダの前に、わたしがこれを与える者が裏切り者だ、と言いながらスープに浸したパンを差し出されました。彼に決断を迫られたのです。ユダはそれを取って、夜の闇に消えて行きました（ヨハネ13・30）。

彼がどこへ行ったかは明らかでした。ですから主はその時、いつものように行動してはならなかったのです。しかし主はいつものようにゲツセマネの園へ行かれました。ユダが群衆を引き連れて主を捕らえるためにやってくることを知りながら、逃げようとなさいませんでした。父なる神さまの御心に従うためです。

主はそこで、苦しみに満ちた祈りをされました。恐らくその時、主の目の前には、神の怒りが泡立つ杯が差し出されていたのでしょう。預言者エレミヤはこう預言しました。「主はこう言われる。その杯を飲むように定められていない者すら必ず飲むのだから、あなたがどれほど免れようとしても免れることができず、必ず飲まなければならない」（エレミヤ書49・12）。

罪がなく、それを飲むように定められていない主イエスが、まさにその杯の前に立たされ、飲み干すことを求められたのです。主は祈られました。「アッバ、父よ、あなたは何でもおできになります。この杯を私から取りのけてください」。そしてこう続けられました。「しかし、私の望みではなく、御心のままに」。主はそこで、父なる神さまの、断固たる姿を見られたのでしょう。

この祈りは、三度繰り返されます。「御心のままに」と言いつつ、同じ祈りを繰り返されたのです。かつて主は弟子たちに「祈るときには、異邦人のようにくどくどと述べてはならない」（マタイ6・7）と言われました。しかしその主が、ここでは同じ祈りを三度繰り返されました。神の怒りの杯を受けることが、主にとってどれほど厳しいことであったかが、わかります。

主イエスがその杯を飲んでくださったお陰で、「必ず飲まなければならない」と言われているわたしたちが、飲むことを免れています。わたしたちは自分が、主イエスのどれほどに厳しい闘いによって救われているかを、心に刻まなければなりません。

主イエスさま、わたしを救うための
あなたの闘いを思う時、
感謝という言葉では到底足りない思いがします。
わたしのこの身を、
生涯あなたのものとして、献げます。
御心に従って、わたしをお用いください。

# 26日

## 辱めを受けながら

兵士たちは邸宅、すなわち総督官邸の中にイエスを連れて行き、部隊の全員を呼び集めた。そして、イエスに紫の衣を着せ、茨の冠を編んでかぶらせ、「ユダヤ人の王、万歳《ばんざい》」と挨拶《あいさつ》し始めた。また、葦の棒で頭を叩き、唾《つば》を吐きかけ、ひざまずいて拝んだりした。……そして、十字架につけるために外へ引き出した。……人々は、頭を振りながらイエスを罵《ののし》って言った。「おやおや、神殿を壊し、三日で建てる者、十字架から降りて自分を救ってみろ。」同じように、祭司長たちも律法学者たちと一緒になって、代わる代わるイエスを侮辱して言った。「他人は救ったのに、自分は救えない。メシア、イスラエルの王、今すぐ十字架から降りるがいい。それを見たら、信じてやろう。」一緒に十字架につけられた者たちも、イエスを罵った。

（マルコによる福音書15章16〜32節）

ローマ総督ピラトから主イエスを引き渡された兵士たちは、主イエスを総督官邸に連れ込みます。そして部隊の全員を呼び集め、その前で主イエスを裸にしてから紫の衣を着せます。王さまにはこれがふさわしいということでしょう。さらに茨を取ってきてそれで冠を編み、主イエスにかぶせます。そして「ユダヤ人の王、万歳」と言って敬礼をし、葦の棒で主イエスの頭をたたき、唾を吐きかけ、ひざまずいて拝んだりしました。

彼らの任務は主を十字架につけることです。すぐにゴルゴタへ向かってもよかったのです。でも彼らはそうしませんでした。わざわざ主イエスを官邸に連れ込み、嘲弄《ちょうろう》したのです。

同じようにユダヤ人も、十字架の主イエスをののしりました。祭司長、律法学者、通りがかりの人々、そして一緒に十字架につけられた強盗どもまで、主イエスをののしったのです。その理由は、他人を救ったのに自分は救えないからです。神殿を打ち倒し、三日で建てると言った（マルコ14・58）のに、十字架から降りて来られないからです。

わたしたちの中には、自分の上に立とうとする者に対する無意識の反感があります。兵士たちは、ユダヤ人の王だとされている男に、支配者である自分たちの力を見せつけてやろうと思ったのでしょう。ユダヤ人の指導者たちには、無学な男が自分たちの教えに逆らって人々を指導してきたことに対する反感があったでしょうし、民衆には、一度はローマの支配から解放してくれると期待させながら、期待外れに終わった男に対する怒りがあったでしょう。そういう、わたしたち人間の心にある闇の部分が、主イエスの前に一気に噴き出したのです。主イエスは十字架にかかりながら、わたしたちの心の中の闇をすべて引きずり出してしまわれたのです。わたしたちが、どこから救われているかを、明らかにするためです。

イザヤ書は、主イエスを預言しつつ、こう語ります。「私は逆らわず、退かなかった。打とうとする者には背中を差し出し　ひげを抜こうとする者には頬を差し出した。辱めと唾から私は顔を隠さなかった。主なる神が私を助けてくださる。それゆえ、私は恥を受けることはない」（50・5～7）。

侮辱されたり、軽蔑されることほど、辛いことはありません。しかし主はそれを問題にされませんでした。神さまの助けがあれば、どんな侮辱も軽蔑も、恥にならないからです。

主イエスさま、あなたは十字架で、
人の心の闇を明るみに出しながら、
侮辱と軽蔑を恐れなくていいことを、
示してくださいました。
世の闇におののかず、
侮辱と軽蔑を恐れない信仰を、
わたしに与えてください。

# 27日

## この方は神の子

三時にイエスは大声で叫ばれた。「エロイ、エロイ、レマ、サバクタニ。」これは、「わが神、わが神、なぜ私をお見捨てになったのですか」という意味である。……イエスに向かって立っていた百人隊長は、このように息を引き取られたのを見て、「まことに、この人は神の子だった」と言った。

（マルコによる福音書15章34、39節）

## 27日／マルコによる福音書15章34、39節

主イエスが十字架につけられていたのは、朝の九時ごろから午後三時ごろまでです。六時間、十字架につけられていたことになります。十字架は両手両足を釘付けにするだけなので、なかなか死なずに苦しみ続けるのが普通です。でもこの時は、神さまが主イエスの苦しみを短くしてくださったのです。

その最後に主は「わが神、わが神、なぜ私をお見捨てになったのですか」と大声で叫んで息を引き取られました。この様子をそばで見ていた百人隊長は「まことに、この人は神の子だった」と言いました。

恐らくこの人は仕事柄、十字架で死んだ多くの人を見てきたのでしょう。あるいはピラトの裁判の様子も見ていたかもしれません。何を言われても、何をされても、ひと言も言葉を発せず、じっと耐えておられた主イエスを、不思議に思っていたのかもしれません。普通の人であれば、不当な扱いをされれば反論したいと思いますし、正当な罰であっても不平を言い、言い訳をするものです。でも主は一切そのようなことをなさらず、最後に神さまに向かって叫んで息を引き取られました。

この叫びは、神の子である方が、神さまに見捨てられて死なれたことを示しています。何の罪もなく、神さまと人々を愛して生きられた方が、わたしたちの罪を負って、史上最

悪の罪人として神さまに捨てられて死なれたのです。それは本来あり得ないことですし、起こってはならないことです。そのあり得ないこと、起こってはならない出来事を起こして、神さまはわたしたちの罪を赦し、罪の支配からわたしたちを解放してくださったのです。

主イエスは、この神さまの御心に最後まで従い通されました。その事実に、この兵隊は目が開かれたのではないでしょうか。「他人は救ったのに、自分は救えない」（マルコ15・31）と嘲《あざけ》られ、「今すぐ十字架から降りるがいい。それを見たら、信じてやろう」とののしられても、自分を救わずにじっと十字架に留まり続けたこの人こそ、真実にわたしたちを救う方だ――そうわかった時に「まことに、この人は神の子だった」という告白が生まれたのであろうと思うのです。

ですから、主イエスの十字架は、敗北のしるしではなく、勝利のしるしです。十字架の死を全うされた主イエスの愛が、わたしたちを捕らえて奴隷にしていた罪の支配を打ち破って、わたしたちを取り戻したのです。復活は、その主の勝利を、確かに示すしるしです。そしてわたしたちは、この主イエスの愛に敗北して、救われるのです。

主イエスさま、
十字架で示されたあなたの愛の大きさの前に、
わたしは言葉を失います。
どうぞ
わたしのあらゆる罪深さに打ち勝って、
わたしをあなたのものにしてください。

# 28日

## 主イエスと同じ墓に

すでに夕方になった。その日は準備の日、すなわち安息日の前日であったので、アリマタヤ出身のヨセフが、思い切ってピラトのもとへ行き、イエスの遺体の引き取りを願い出た。この人は高名な議員であり、自らも神の国を待ち望んでいた人であった。ピラトは、イエスがもう死んでしまったのかと不思議に思い、百人隊長を呼び寄せて、すでに死んだかどうかを尋ねた。そして、百人隊長に確かめたうえで、遺体をヨセフに下げ渡した。ヨセフは亜麻布《あまぬの》を買い、イエスを取り降ろしてその布に包み、岩を掘って造った墓に納め、墓の入り口に石を転がしておいた。

（マルコによる福音書15章42〜46節）

## 28日／マルコによる福音書15章42〜46節

十字架で死なれた主イエスは、墓に葬られました。これは主が本当に死なれたことを示します。湖の嵐を鎮め、多くの病人を癒やし、悪霊を追い出し、死者をよみがえらせた主イエスが、死んでしまわれたことは、信じがたいことです。

しかし主は本当に死なれました。死に至るまで神さまの御心に従順に従われ、わたしたちの贖いを完全に成し遂げてくださいました。ですから、主の死は敗北ではなく、勝利です。

その主の死が、新しい出来事を起こしました。アリマタヤ出身のヨセフという、隠れていた弟子を、呼び出したのです。この人は主イエスを信じていましたが、それを公にできないでいました。身分の高い議員でしたから、人々の信頼を失うことを恐れたのか、あるいは仲間の議員たちが主イエスを憎んでいたので、口を閉ざしていたのでしょう。しかし、そういう弱さを持っていたこの人が、最も厳しい場面で、自分を明らかにしました。

犯罪者の遺体は、引き取り手がいなければ、どこかに放り出されてしまいます。でも引き取るべき弟子たちは、皆逃げてしまって、誰もいません。そこでこの人が立ち上がったのです。

主の死は午後三時ごろです。日が沈むと安息日になって何もできなくなりますから、日没までの間に全てをしなければなりません。彼はまず総督ピラトに面会を求め、遺体の引き取りを申し出ます。ピラトは百人隊長を呼び寄せて、主の死を確かめ、申し出を受け入れます。それを受けてこの人は町へ出て亜麻布を買い、十字架から主イエスを降ろして亜麻布で包み、岩を掘って造った墓に納め、入り口を石でふさぎます。これだけのことを、ひとりでやり遂げたのです。

この墓は、ヨセフ自身の墓であったとマタイによる福音書は書いています（27・60）。他に墓を探す時間がなかったのでしょう。でも自分の墓に主を納めることは、この人にとって喜びであったと思います。いつか自分も、主の横に葬ってもらえるからです。

でもその望みはかないませんでした。主は三日間しかそこにおられなかったからです。でもこのことによって、ヨセフの墓は、主が復活された墓になりました。そこに自分が葬られることは、彼にとってはもっと大きな喜びだったと思います。

わたしたちもいつか死んで、墓に葬られます。それがどこの墓であれ、主に結ばれたわたしたちにとっては、主が復活された墓です。死ぬにも、生きるにも、わたしたちは主イエスと一緒だからです。

主イエスさま、
あなたが墓に葬られたように、
わたしもいつか死んで墓に葬られます。
そしてあなたが復活されたように、
わたしも復活します。
生きていても死んでいても、
わたしはあなたのものです。感謝します。

# 29日

## 神が立ち上がられた

安息日が終わると、マグダラのマリア、ヤコブの母マリア、サロメは、イエスに油を塗りに行くために香料を買った。そして、週の初めの日、朝ごく早く、日の出とともに墓に行った。そして、「誰が墓の入り口からあの石を転がしてくれるでしょうか」と話し合っていた。ところが、目を上げて見ると、あれほど大きな石がすでに転がしてあった。墓の中に入ると、白い衣を着た若者が右手に座っているのが見えたので、女たちはひどく驚いた。若者は言った。「驚くことはない。十字架につけられたナザレのイエスを捜しているのだろうが、あの方は復活なさって、ここにはおられない。御覧なさい。お納めした場所である。さあ、行って、弟子たちとペトロに告げなさい。『あの方は、あなたがたより先にガリラヤへ行かれる。かねて言われたとおり、そこでお目にかかれる。』」

（マルコによる福音書16章1～7節）

主イエスの復活は、わたしたちの信仰にとって決定的な出来事です。もし主の復活がなかったら、この地上に教会はなかったでしょう。教会がこの世に対して語った最初のメッセージは「主はよみがえられた」でした。

その喜びの知らせを、最初に受けたのは女性の弟子たちです。彼女たちは主イエスの体に油を塗るために、墓に行ったのです。主が十字架で息を引き取られた時は夕方で、安息日が近づいていました。アリマタヤのヨセフが孤軍奮闘して主を墓に葬ったのですが、体に油を塗る余裕がありませんでした。それで女性たちが、主の体に油を塗るために、日曜日の朝早く、墓に行ったのです。

亡くなった人の体に油を塗るのは、その人を大切に葬るためです。葬ってからでも、油を塗ってあげたいと思うのは、その人に対する愛の深さを示すものです。彼女たちは、愛する主イエスのために、人間として考え得る最善のことをしてあげようと思ったのです。

しかし、それは悲しい行為です。どれほど高価な油を塗っても、死の進行を食い止めることはできません。葬られた人の体は、間違いなく崩れていきます。そう考えれば、無駄なことです。無駄なことでもしてあげたいと思うのが愛です。でも、何と悲しい愛でしょうか。壁のように立ちはだかる死の前に、最も深い人間の愛の行為も、無意味になってしまうのです。

しかし、人間にはどうしようもないその壁を、打ち砕く力のある方がおられます。わたしたちにはそれ以上前には進めない限界を超えて、前進なさる方がおられます。その方が、神さまが、立ち上がられました。主イエスが死の中に放置されるのを、神さまはお許しになりませんでした。その全能の力をもって、死の壁を打ち砕き、主イエスを墓の中から復活させられました。主イエスの復活は、神さまがおられることと、神さまはご自分の愛する者が死の中に放置されるのを、決してお許しにならないことを、示しているのです。

主イエスを復活させられた神さまは、わたしたちの天の父です。子としてわたしたちを愛してくださる神さまは、主イエスに続いて、わたしたちをも、死の中に放置することをなさらず、復活させてくださいます。それがわたしたちの希望です。

主イエスさま、
死に至るまで従順に神さまに従われたあなたを、
神さまは復活させられました。
そのあなたの御業によって、わたしにも、
あなたに続いて復活させていただける
希望が与えられました。
感謝します。

# 30日

## 主に従う力

三度目にイエスは言われた。「ヨハネの子シモン、私を愛しているか。」ペトロは、イエスが三度目も、「私を愛しているか」と言われたので、悲しくなった。そして言った。「主よ、あなたは何もかもご存じです。私があなたを愛していることを、あなたはよく知っておられます。」イエスは言われた。「私の羊を飼いなさい。よくよく言っておく。あなたは、若い時は、自分で帯を締めて、行きたい所へ行っていた。しかし、年を取ると、両手を広げ、他の人に帯を締められ、行きたくない所へ連れて行かれる。」ペトロがどのような死に方で、神の栄光を現すことになるかを示そうとして、イエスはこう言われたのである。このように話してから、ペトロに、「私に従いなさい」と言われた。

（ヨハネによる福音書21章17～19節）

わたしたちは「愛する」という言葉を「好きだ」という意味で使います。でも「愛する」ことと「好きだ」ということは、違います。パウロは、信仰と希望と愛はいつまでも残ると言いました（Ｉコリント13・13）。人を信じて、希望を捨てないことが、愛することです。ですから、神さまがわたしたちを愛してくださるという時、それは、神さまがわたしたちを信じて、希望を捨てないでいてくださる、という意味です。そのような愛を、わたしたちは、主イエスの中に見るのです。

ヨハネによる福音書は、ガリラヤの湖で、ペトロや他の弟子たちが復活された主イエスにお会いした出来事を伝えています。復活された主イエスは、弟子たちにたびたび姿を現されました。だから主イエスが生きておられることを、弟子たちは知っていたのです。でも彼らは、ガリラヤに帰ってしまいました。素直に主イエスの前に出られなかったのです。自分たちが、主イエスを見捨てて逃げてしまったことが、心の重荷だったのでしょう。特にペトロは、大祭司の家の庭で人々に問いつめられて、三度も主イエスを知らないと言ってしまいました。弟子として自分が失格者であることを、誰よりも自分自身がよく知っていたのです。

主はそのようなペトロに、「私を愛しているか」とお尋ねになりました。ペトロは、胸を張って「はい、愛しております」とは言えずに、ただ、あなたは知っていてくださる、としか言えませんでした。そのペトロに、主は三度、同じ問いをなさり、ペトロに三度、同じ答えを答えさせられました。ちょうどペトロが、主イエスを知らない、と言ってしまった回数と同じです。

愛するとは、信じて希望を捨てないことです。ですからペトロは、主イエスを信じて、希望を捨てません、と答えたのです。でも、本当に愛したのは、本当に信じて、希望を捨てないでいてくださったのは、ペトロではなく、主イエスです。ペトロの愛は、この主イエスの愛に応えるものに過ぎません。

その愛をもって、彼は主イエスの羊を養う者になります。最後は、教会を守って殉教の死を遂げたと言われています。主に愛され、主を愛する。その主との深い愛の結びつきが、ペトロを最後まで生かしたのです。

30日／ヨハネによる福音書21章17～19節

主イエスさま、
あなたがこのわたしの貧しい愛をも
お求めになることを、感謝します。
でもそれは、あなたのためでなく、
わたしのためです。
わたしを真実に愛してくださる
あなたを愛することが、わたしの生きる力です。

# 31日

## 主イエスの兄弟姉妹として

さて、十一人の弟子たちはガリラヤに行き、イエスの指示された山に登った。そして、イエスに会い、ひれ伏した。しかし、疑う者もいた。イエスは、近寄って来て言われた。「私は天と地の一切の権能を授かっている。だから、あなたがたは行って、すべての民を弟子にしなさい。彼らに父と子と聖霊の名によって洗礼を授け、あなたがたに命じたことをすべて守るように教えなさい。私は世の終わりまで、いつもあなたがたと共にいる。」

（マタイによる福音書28章16〜20節）

一一人の弟子たちは、ガリラヤに行き、主イエスが指示された山に登りました。イースターの朝、主イエスの墓に行った女性たちに天使が、「主イエスは復活されてあなたがたより先にガリラヤに行かれる、そこでお会いできる」と語って、それを弟子たちに伝えるようにと言ったからです（マタイ28・7）。先に立って進んで行くのは、羊飼いのしるしです。主を見捨てて飼う者のない羊になってしまった弟子たちのために、主イエスは再び彼らの羊飼いとなられたのです。

そこで主は弟子たちに「私は天と地の一切の権能を授かっている。だから、あなたがたは行って、すべての民を弟子にしなさい」と言われました。天においても地においても、私が王さまになった。だから世界に出て行って、すべての人々に洗礼を授け、彼らを私の弟子にするようにと言われたのです。

ある人はこの「弟子」という言葉を「兄弟姉妹」と言い換えてもいい、と言いました。主イエスは、世界中の人々を、私の兄弟姉妹にしなさい、と言われたのです。弟子たちは、その言葉を携えて、世界に出て行きました。そして人々に「あなたも主イエスの妹になりなさい、弟になりなさい」と語って、人々を主イエスのもとに招いたのです。

この主イエスの命令を聞いたのは、一一人の弟子たちです。その彼らの言葉を聞いて、主イエスを信じた人たちは、それをまた別な誰かに伝えました。そしてその人もまた、それを他の誰かに伝えました。そのようにして、一二人の弟子たちが宣べ伝えた主イエスの言葉は、世界中に広まりました。その招きの言葉が、今わたしたちのところにも届いているのです。

その言葉を信じて、洗礼を受けたならば、わたしたちも主イエスの兄弟姉妹のひとりになります。そして主はわたしたちをも、この喜ばしい招きの言葉を他の人々に伝えるようにと、遣わされるのです。でもわたしたちはひとりで行くのではありません。主は、ご自分が遣わされた者たちの羊飼いとして、世の終わりまで共にいて、わたしたちを導いてくださるからです。

主イエスさま、あなたの招きの言葉を、
無数の、あなたの弟子たちの働きを通して、
わたしのところに届けてくださって、
ありがとうございます。
この喜ばしい招きを人々に伝えるために、
このわたしをも、用いてください。

# おわりに

福音書の中から三一箇所を選んで、それを読む人が主イエスのご生涯の全体を見通せるような本を出したいという提案を、日本キリスト教団出版局の土肥研一さんから受けた時に、とてもよい企画だと思って、すぐにお引き受けをしました。聖書を通して、主イエスという方に触れることは、聖書を読む者の最大の喜びです。その喜びに、多くの人が触れられるような本を出すことは、とてもすばらしいことだと思いました。

わたしはひとりの信仰者として個人的に聖書を読むと同時に、牧師として教会に集まる大人や子どもたちに説教するためにも聖書を読むのですが、いつも驚かされたり、考えさせられたり、喜ばされたり、戒められたりします。そのようにして与えられたものを多くの人に伝えたいと思って説教をしています。逆にそういうものがひとつも見つからないと、説教ができません。ですから説教する時には、毎回祈りつつ聖書を読みます。そうすると不思議なことに語るべきことが示されるのです。それは聖書を読んでいる時だけでなく、日常生活の中でも起こります。よくあるのは、明け方に示されることです。わたしはこれを朝五時の聖霊（の働き）と呼んでいます。

そういう経験をずっとしてきましたので、今回この原稿を書くことは少しも苦になりませんでした。喜んで書かせていただきました。むしろ書く箇所を三一に絞り込むことに苦労したほどです。

こういうすばらしい機会を与えてくださった日本キリスト教団出版局の方々に、心から感謝しています。また土肥研一さんには、企画の提案から、原稿の校正、出版に至るまで、細かい多くの事柄について、たくさんの労を負っていただきました。この場を借りてお礼を申し上げます。

この本を通して、ひとりでも多くの人びとが主イエスに導かれるように、またそれを通して日本キリスト教団出版局の働きが、神さまの豊かな祝福を受けることができるように、心から願っています。

二〇二四年九月

吉村和雄

吉村和雄《よしむらかずお》

1949 年、福島県いわき市生まれ。東京大学工学部卒業、東京神学大学大学院修士課程修了。1990 ～ 2021 年、単立キリスト品川教会主任牧師。現在は同教会名誉牧師。

著書に『泉のほとりで』『ふたりで読む教会の結婚式』（共にキリスト品川教会出版局）、『聖書が教える世界とわたしたち』（GC 伝道出版会）、『説教　最後の晩餐』（キリスト新聞社）。

訳書に、F. B. クラドック『説教』（教文館）、W. ブルッゲマン『詩編を祈る』、トーマス・ロング『歌いつつ聖徒らと共に』、T. H. トロウガー他『説教ワークブック』（以上、日本キリスト教団出版局）ほか。

イエスの歩み 31　私に従いなさい



2024年 11月10日　初版発行

著　者　吉村和雄

発　行　日本キリスト教団出版局
〒 169-0051
東京都新宿区西早稲田 2-3-18
電話・営業 03(3204)0422
　　　編集 03(3204)0424
https://bp-uccj.jp/

印刷・製本　モリモト印刷

ISBN978-4-8184-1181-4　C0016　日キ販
Printed in Japan

●

日　本　キ　リ　ス　ト　教　団　出　版　局　の　本

●

## 聖書の祈り31　主よ、祈りを教えてください

**大島 力、川﨑公平　著**

**●四六判／144頁／1500円＋税**

旧新約聖書から、祈りの言葉を、そして祈りについての言葉を、1日にひとつずつ取り上げ、短い解説付きでゆっくり味わう31日分の黙想書。1日10分、この本を静かに読んで、心を高く上げる。そんな毎日を始めませんか。クリスマスプレゼントや、病床へのお見舞いにもぴったり。

---

## 主イエスは近い　クリスマスを迎える黙想と祈り

**小泉 健　著**

**●四六判／120頁／1200円＋税**

1年でもっとも闇が深く、寒さが厳しい時に迎えるクリスマス。主を待ち望むこの日々を、御言葉に聴きつつ、祈りをもって過ごすための書。待降節第1主日から1月6日の公現日まで、毎日読める御言葉とショートメッセージ、信仰の先達たちによる祈りを掲載。

---

## 十字架への道　受難節の黙想と祈り

**小泉 健　著**

**●四六判／120頁／1200円＋税**

冬の終わりから春の始まりにかけて、教会は、キリストの受難に思いを寄せる受難節（四旬節、レント）を過ごす。受難節の始まりである灰の水曜日から、キリストの復活を祝う復活祭まで、毎日読める御言葉とショートメッセージ、信仰の先達たちによる祈りを掲載。